税務調査に
負けない

最強の
資産防衛

池田篤司

BYAKUYA BIZ BOOKS

はじめに

本書は税務調査に特化した、経営者のための税金対策の本です。「いくら節税できるか？」という目先の対策ではなく、税務調査から逆算して対策を立てることに重点を置き、そのために経営者が知っておくべき情報を体系的にまとめています。それがなぜ、最強の資産防衛と言えるのか？　まずはこちらをご覧ください。

「高級車は４年落ちの中古車を買え」

「旅費規程を作って絶対に使え」

節税に興味をお持ちの方であれば、一度は目にしたことがあるはずです。これに限らず、世の中には節税に関するさまざまな解説やアドバイスがあふれています。特に

ＳＮＳでは閲覧数稼ぎが目的なのか、自由に言いすぎている印象を受けます。その多くは説明不足で、「ＹｏｕＴｕｂｅやＴｉｋＴｏｋで見たからやってみたけど、税務調査では否認された」という話をよく聞きます。

情報が少なくなればなるほど、判断を間違える可能性は高まります。たとえば、「今こちらのクレジットカードに加入すると、最大３万ポイントをもれなくプレゼント」とおすすめされて登録を進めていくと、実は３万ポイントをもらうには条件があった……。ここで大切なのは「どうしたら３万ポイントをもらえるのか」という情報です。

ＳＮＳで発信をしている人の多くは４年落ちの車を買え、旅費規程は作って絶対に使え、と簡単に言いますが、もし税務調査で指摘された場合、どう責任を取るのかといつも心配になります。たしかに高級車も旅費規程もしっかりとした条件がそろえば経費に計上するべきです。

そのためには合わせて伝えるべきことがあります。なぜ、高級車が経費に計上できて、税務調査で指摘を受けずに認められるのか。旅費規程とは何なのか、どのような条件が必要なのか、そして場合によっては税務調査では否認されることもある。これらを理解した上で発信するべきなのに、そうはなっていません。

この背景には、税金のルールが非常に複雑だという事情もあります。所得を得たり、資産を得たり、何かを消費したりするとそのつど税金が発生します。そして法人税法、所得税法、相続税法、消費税法などそれぞれにルールが定められていますが、とにかくややこしいです。

この点を考慮すれば、情報を発信するときに「何をすればいいか？」「どうなるか？」といった要点だけをクローズアップするのも理解できます。不特定多数に発信するときに大切なのは、拡散しやすいわかりやすさであり、個別のケースを丁寧に検討したり、細部までカバーしたりすることではないのです。

節税方法は今やネットで簡単に拾うことができますが、肝心な説明が抜けているものも少なくない。これではまともな対策を立てることはできません。思わぬ失敗を招くことだってあります。

最も確実なのは「税理士に相談する」というものですが、ここには別の問題があります。税理士は節税アドバイザーではないので、積極的には教えてくれないのです。

また、税法に対する理解は同じでも、個別の事例に関する判断は税理士によって異なります。そのため、経営者は「知り合いの会社はOKだったのに、なんでウチはダメなんだ」といった不満を抱えるか、「税理士には期待していない」とあきらめてしまうことになるのです。

そこで本書が注目するのが、税務調査です。

税務調査がわかれば、会社の資産はもっと守れる

税務調査とは、納税者が正しく税務申告しているかを確認する調査のこと。国税庁が管轄する税務署などによって行なわれます。国税庁の「令和5事務年度 法人税等の申告（課税）事績の概要」によると、法人税の申告件数は318万件。「令和5事務年度 法人税等の調査事績の概要」では、法人税等の実地調査件数（調査官が法人の本店所在地を訪れて調査すること）は5万9000件となっているので、法人の税務調査は1・8％の確率になります。

これだけを見ると、ほとんどの会社は税務調査は関係がないという印象を受けると思います。実際、顧問税理士から「あなたの会社はまだ小さいから、税務調査は入りませんよ」と言われる経営者は少なくないですし、仮に調査が入り追徴課税となってもせいぜい数万円から数十万円程度なら、軽視してしまってもおかしくありません。

それでも、税金対策は税務調査を念頭に行なうべきだと断言できます。どんな節税方法を検討するにせよ、絶対に押さえておくべき情報が税務調査なのです。なぜなら、税務調査＝答え合わせだからです。

会社が払う法人税や所得税は、会社や税理士が計算し、税務署に申告して納税する申告納税制度が採用されています。しかし、法律は必要最低限の基準を決めているにすぎないので、納税者や税理士が「正しい」と思って申告しても、税務署が「正しくない」と判断することは山ほどあります。最終的な判断は税務署が下すものであり、それが税務調査によってわかるのです。

税務署や税理士に言われるがまま税金を納めるのははっきり言ってムダが多いです。税務署はできるだけ税金を取ろうとしますし、税理士は節税にあまり積極的ではないので、少しでも節税したいなら自分でがんばるしかありません。でも、やみくもに検索しても説明不足の情報にとまどうだけです。そんなとき、税務調査＝答え合わせという視点を持っていれば、どうでしょうか。

たとえば「ロレックスを経費として計上したい」と考えたとき、税務調査で指摘される可能性はどのくらいあるのか？　指摘されるとしたら、その理由は何か？といった税務署側の正しさの基準やその根拠を押さえておけば、「やっぱりやめておく」にせよ、「それでもやる」にせよ、合理的に判断することができます。たとえ指摘されても、対策を練っていれば堂々と答えることができます。

ときにはその「正しさ」を巡って税務署と戦うこともあるでしょう。そのためには税理士の協力が不可欠ですが、税理士は辞書のようなものです。なんとなくめくっても答えは見つかりませんし、勝手に示してもくれません。「何を調べるべきか？」がわかった上で使うものです。申告書の作成代行業務だけを依頼するのはもったいない。税務調査という視点を活用すれば、その上手な使い方も見えてきます。

税務調査1000件の経験でわかったこと

私が代表を務める税理士法人池田会計事務所は、関西を中心に700社以上の顧問先企業を抱えており、これまで1000件以上の税務調査（国税局の調査部、資料調査課、税務署）に対応してきました。それを可能にしたのは、創業者である父の存在です。父は国税局に29年勤務し、税務調査に特化した資料調査課で長く業務に携わってきました。私はその知見やノウハウを受け継ぎながら、国税ＯＢも多数雇用し、現在も多くの経営者のサポートをしています。

税理士の実力は、税務調査の経験件数に左右されます。それほど税務調査は特別です。知識と経験の両方が必要で、申告書の作成代行業務だけをこなしていては対応できません。その点、私は今もすべての税務調査（法人・所得・源泉・相続）に最初から最後まで必ず立ち会っており、その数は毎年30～40件に上ります。これはどの税理士にも負けない数字だと自負しています。

そんな私が多数の税務調査の現場を経験して思うのは、どんな経営者でも一度痛い目を見れば、学習し、同じ過ちを犯さないようになる、つまり失敗から学ぶのが最も効率的だということです。

しかし、私は税務調査が入って非常に苦労した経営者をこれまで何十人も見てきました。会社の資産とは、何もお金だけを指すものではありません。会社のイメージ、取引先、従業員など、総合的なものです。税務調査を甘く見ると、それらを失う可能性があります。ですから、自身の豊富な経験を活かして一人でも多くの経営者の力になりたいと思い、本書を書くことにしました。

税務調査を念頭に対策を練るにあたり、経営者には「節税に関する有象無象の情報を取捨選択する」「良い税理士を選び、協力を得る」「税務署の意図を知る」「税務調査の流れを知る」ことが求められます。本書ではこれらを丁寧に解説していきます。

節税する際に絶対に押さえたいポイントは何か？　税理士とどう付き合っていけばよいか？　実際に接触する機会がない税務署とはどのような組織なのか？　どういう意図で調査しているのか？　税務調査を中心に置くことで、税金対策の勘所がわかるようになります。それが「そんなはずじゃなかった」という的外れな結果を避けることにもつながります。

本書はその目的から入門書のような位置付けと言えますが、それは数ある節税方法を集めたものではありません。情報の網羅性にはそれほど実用性はありません。

また、専門的な解説は極力省きました。昭和、平成、令和とどれだけ時代を経ても、税務調査の一連の流れはほとんど変わっていません。つまり、基本が何よりも重要なのです。しっかり身につけていただければ、新しい情報を検索するにせよ、税理士に相談するにせよ、その後の応用に役立つはずです。

最後に一つ補足を。本書で紹介する事例はすべて私が見聞きし、経験したものです。しかし、匿名性を保つために一部を脚色しています。あらかじめご了承ください。

令和7年3月

池田篤司

目次

第2章

節税は経費を巡る戦い

第3章

資産防衛の要・税理士を味方にする

第4章

税務署の仕事を知る

第5章

税務調査に備える

第1章

税務調査をなめてはいけない

7年で1億4000万円の脱税が発覚！

「池田先生、ご無沙汰してます。ちょっと相談したいことがあるんです……」

寒さが厳しくなってきた11月下旬のある日、友人の経営者であるAさんから電話がかかってきました。当事務所の取引先ではありませんが、Aさんとは長く付き合いのある間柄で、私にとっては大切なビジネスパートナーです。電話を取ると、声のトーンから深刻な内容だとすぐにわかりました。

話を聞いてみると、Aさんの知人であるBさんが経営する会社に税務調査が入り、脱税が発覚したというのです。さらに驚くことに、その金額は7年で1億4000万円。事態のあまりの大きさに、同社の顧問税理士が「手に負えない」とさじを投げてしまったので、担当してもらえる税理士を探しているとのことでした。

税務調査は一般的に7月末~11月末、1月中旬~2月初旬、3月下旬~5月末に行なわれます。中でも7月~11月は多く、合わせて大きな調査事案も増えます（特にお盆明けの調査である8月中旬~11月は、税務署も特に力を入れている案件と言われています）。それも11月末になるとだいぶ少なくなるのですが、そんな時期に脱税という大きな案件が飛び込んできたわけです。

脱税は、売上を隠したり、架空の経費を計上したりして、虚偽の申告をすること。その結果、税の負担を軽くしようとするものです。

納税を逃れる行為には申告漏れ、所得隠し、脱税の3つがあります。申告漏れは計算ミスや計上ミスなど、意図せずに申告を間違えてしまったり、申告の手続きが遅れてしまったりすること。所得隠しは脱税とほぼ同じで、納税額を減らすため、意図的に所得を減らすこと。所得隠しより脱税のほうがより悪質性が高いと判断されます。

どれも発覚すると次に挙げるペナルティー（追徴課税といった行政処分）が下されます。

・**過少申告加算税**　本来納めるべき金額よりも少なく申告した場合に加算される税金
・**無申告加算税**　申告期限までに申告しなかった場合に加算される税金
・**延滞税**　納付期限を過ぎた場合に加算される税金
・**不納付加算税**　納付期限を過ぎた源泉所得税に対して加算される税金
・**利子税**　税金を一括納付できない場合、延納分に加算される税金
・**重加算税**　故意に納税額を過少申告したり、無申告した場合に加算される税金

このほか、金額が大きい場合や悪質だと判断されると、「10年以下の懲役もしくは1000万円以下の罰金、またはその併科」という刑事罰の対象にもなります。

電話を受けた時点では詳細がわかりませんでしたので、どのような経緯で発覚したのか、どうしてそれほど大きな金額になってしまったのか、今後の対応をどうするか……いろいろな選択肢を検討しながら、その会社に向かいました。

1億4000万円のはずが、実は1億7000万円だった!?

その会社は建設業。事務所に到着し、さっそく話を聞くことになりました。

脱税はたいてい、銀行口座を通じた不自然な金額の入出金や、関係者による通報、税務調査で発覚しますが、今回は税務調査がきっかけです。

税務調査では基本的に、過去3年さかのぼって調べますが、脱税や不正還付が疑われる場合に限り、最長の7年さかのぼります。今回のケースも初日の税務調査の対象期間は3年でしたが、結局7年前までさかのぼり、合計1億4000万円という金額に膨れ上がりました。年間で2000万円の計算です。

その内容は架空経費の計上。社長であるBさんが領収書を書き、請求書を作成していました。はかの取引はすべて通帳（口座）を通して行なっていたものの、それだけが現金払いになっていました。税理士を通していればすぐにわかるもので、「よく7年も指摘されなかったな……」とあきれてしまうほどのおそまつさです。

今回の件で一番悪いのは、納税者であるBさんです。これは当然です。しかし、本来は顧問税理士が指導するべきです。税理士は顧問料をもらっているわけですし、その上、税理士事務所側が会計入力をしていたので、「知らなかった」や「気づかなかった」では済まない問題です。それも7年も。そればかりか、問題が発覚すると「手に負えない」と投げ出してしまったわけですから、同業者として憤りすら感じます。

すでに税務調査の聞き取り調査の3日間は終わっていますので、ここからは税務署と指摘事項について交渉することになります。本来なら指摘された1億4000万円のうち、少しでも税額を減らしたいところですが、しっかりした理由がないかぎり、基本的にすべて否認されます。つまり、架空経費の中身の理由が焦点になります。

7年で1億4000万円という多額のお金は、Bさんがプライベートで好き勝手に使ったものではありません。この業界ならではの慣習かもしれませんが、建設現場では、社長が現場の人に支払いをする場合、一部の人には現金払いをして、会社の帳簿に計上していないことがあります。また、現金を受け取った人は売上として確定申告をする必要がありますが、実社会において（インボイスの導入で少しは抑止力にはなったとしても）まだ無申告の人もいるでしょう。

良し悪しは別として、昔からこのような光景は多くの現場で目にします。現金をもらえば「良い社長だな」と仕事に力も入るでしょう。Bさんもそんな世界で育ってきました。その金額が7年でどんどん膨らんだ結果、税務調査で指摘されました。ここからは、正当な経費であることを税務署に証明しなくてはなりませんが、一筋縄でいかないことはあきらかです。これまで現金を渡したすべての人間に確認を取れるかといえば、難しいでしょう。

いずれにせよ、まずはいくつか確認したいことがあったので、税務署の担当者（事務官）に電話をしてみることに。すると、脱税額は1億4000万円ではなく1億7

000万円だと言うのです。

「ほんまですか？　納税者からは1億4000万円って聞いてますが……」

「いや、1億7000万円です」

電話口の担当者は自信たっぷりにそう断言します。これには驚きました。3000万円もズレがあっては話を進めることはできません。後日、あらためてBさんに話を聞いてみると、「1億4000万円で間違いない」という返事……両者の見解が食い違っています。この場合、どちらを信じるべきかというと、やはり税務署の主張です。

実際、3日間に渡って行なわれた税務調査では、現場責任者の統括国税調査官（以下、統括官）も同席していたと聞いていました。したがって、税務署が間違えるとは考えにくいですが、私が集計をしたわけでもなく、今回の事案は途中から関与しているので、もう一度税務署に電話をしました。大切なパートナーからの紹介であること、税理士が変わったばかりで調査内容もシンプルなので、もう一度集計して確認してほしいと統括官に伝えたのです。すると、署内でも何度も確認しているから間違いないとのこと。統括官がそこまで言うのならと、私は納税者であるBさんが間違えていると結論づけました。

そしてBさんに電話を入れて、何度も何度も計算ミスをしていないか確認したのですが、Bさんは間違いないと断言します。そのため、メールで請求書を送ってもらうことになりました。

その数分後、税務署から私に電話があったのですが……間違っていたのはなんと税務署でした。しかも事務官による単純な計算ミスが原因です。3000万円は非常に大きな数字です。

統括官は「あ、事務官が間違えてました」と終始軽い口ぶりで事務官のせいにします。こちらが納得せず、真剣に抗議すると「じゃあ、社長に謝りに行きますわ」と開き直る始末。

私は税務署に対してもクライアントに対しても、どんなに目上の方であっても、良いことは良い、ダメなことはダメだとしっかり伝えてきました。先代の父親のスタイルを踏襲し、信念を曲げずに税務調査をまっとうしてきたのです。それにもかかわらず、このようなひどい間違いをされてしまうと、私の立場がなくなり、クライアントからの信用・信頼を失うことになります。

税務署が単純な計算間違いをするなど記憶にほとんどなかったので、私は一度しか会ったことがないBさんが計算間違いをしていると決めつけて話をしてしまいました。Bさんは簡単な集計（請求書15枚くらい）を何度も何度もしているので、間違いはないはずだと確信しています。いきなり出会ったばかりの若い税理士に強く言われれば良い気分はしないと思いますし、その上、３０００万も増えているわけです。

結果的に税務署が間違っていたわけですから、Bさんが怒るのももっともです。普通ならBさんはAさんに事の顛末を報告するでしょう。結果だけを聞けば、紹介者のAさんは私に対して不信感を抱くはずです。

多くの国税局や税務署の職員は、納税者や税理士の立場を考えて対応してくれます。

それでも、毎年30～40件も税務調査を立ち会っているとこのようなケースに出くわします。ミスをしたら素直に「統括官である私の責任です。すみませんでした」と謝罪すればいいと思うのですが……。

脱税した社長の末路

このような一筋縄ではいかない交渉を経て、支払うべき税額を決定し、修正申告を作成します。

そして修正申告を提出したら、Bさんは7年分の税金を一気に払うことになります。本来支払うべきだった税額に加えて、延滞税や重加算税なども加わります。それを一度に払うことは現実的ではありません。

しかし、現行の法律では一括納付が原則です。そもそも本当は支払っているべき税金であるため、納付期限が存在しないからです。災害や病気など特殊な事情に該当すると分割納付や納税の猶予を申請することもできますが、今回のように納税額が高額でも分割納付は認められません。

繰り返しますが、一番悪いのは脱税したBさんです。納税は国民の義務ですから、しっかりと果たすべきでしょう。それでも私は、一括納付に縛るべきではないと考えています。

以下はあくまでも想像ですが、Bさんは最初、自分で数百万円くらいの請求書を作ってしまった。「バレるかもしれない」と思っていたけれど、何も言われなかったから、どんどん麻痺していったのではないでしょうか。

もっと狡猾に脱税するケースもある中で、意図的ではあったとしても、すぐに見つかるような単純な方法を採ってしまったBさん。やりとりを続けるうちに、失敗から学べる人だという印象を受けました。しっかり学べば、まだ再生できる余地があるはずです。再生可能だから、潰す必要はないのではないかとも思うわけです。

1億数千万円を払うとなっても、ほとんどお金を使ってしまったので、すぐには払えません。となると、次は滞納者になります。するとどうなるか？　銀行との取引が止まります。日本で会社を経営する以上、銀行との取引は欠かせません。それが止まる＝破滅です。銀行はもちろんお金を貸してくれませんから、破滅を避けるべく、親や知り合いからなんとかお金を工面することになります。

こんなことを言うと、「犯罪者を擁護している」とお叱りを受けるかもしれませんが、ビジネスが不可能になるくらいなら、そして初犯なら一定のルールを定め、本税や延滞税などは分割で払っていく制度があってもいいのではないかと思います。

おそらく多くの税理士は、「悪いことをしたんだから、税務署の言うとおりにしましょう」と伝えるでしょう。税理士の使命は、適正な税金を納めさせること。税理士は職業柄、誠実な人が多いので、脱税した犯罪者に協力する必要はないと考えがちです。また、脱税のようにややこしい案件は交渉が難しいので、そんなことにリソースを割きたくないと考える税理士が多いです。

実際、今回私のところに話が来たのは、ほかに引き受けてくれる税理士がいなかったからだそうです。
本書執筆時点で、本件はまだ着地していません。だいたい3カ月から半年ほどかかると見込んでいます。その過程でできるだけ税務署側と納税者側が納得する税額で着地し、修正申告を提出すれば私の税務調査の任務は終了です。

ルールにちゃんと寄り添うべし

これまで大小さまざまな税務調査に立ち会ってきましたが、納税者である皆さんが脱税に関わることはほとんどないでしょう。そんなレアな事例を取り上げたのは、ここから重要な教訓を見出すことができるためです。

ルールにのっとって税金を納める。

「何を当たり前のことを……」と思うかもしれませんが、これができない（または、あえてしない）人がいるのも残念ながら事実です。

脱税のような違法行為はもちろんするべきではありません。いくら払う税金を減らしたいと思っても、ルールの範囲内で行なうべきです。ルールが存在するのは、会社によって好き勝手されると困るからです。税負担の公平さを担保するためにルールが制定されており、税務調査はそれが守られているか定期的に確認するためのものです。「はじめに」で触れたように、税務調査が入る確率はきわめて低いです。極論を言えば、税務調査が入らなければ何をしてもわかりません。しかし、それはルールを破ったり、無茶をしていい理由にはなりません。

税務調査は基本的に、利益を上げている会社に入ります。それは言い換えれば、どんな会社も利益を上げることを目的としている以上、いつか必ず税務調査はやってくるということです。

だからこそ「あそこは大丈夫だったから」「ウチは赤字だから調査は入らない」という考えは危険なのです。Ｂさんのように、（本来払うべきものですが）多額の税金を払い、社会的な信用を失い、事業の継続が難しくなることだってあります。相応の責任を負うことになります。税務調査をなめてはいけないのです。

一方、私も会社を経営している身なので、経営者の気持ちもよくわかります。利益を上げるために経費を削減して、やっと利益が出たら少しでも税金を減らせないか検討するのは普通のことです。

私の経験上、節税で無茶をしてしまう会社（社長が報酬に満足している場合）にはいくつかパターンがあります。一つは創業3～5年目、利益がある程度出ている会社です。努力が実り、徐々に売上を伸ばし、やっとまとまった利益が出始めたタイミングです。大切な利益から数百万円払うことになれば、いろいろな節税を試したくなるものです。「税金をもったいない」と考えるか、「ちゃんと納税して、いい会社にしていこう」と考えるかで、行動が変わるように思います。

もう一つは、利益がかなり出ている会社です。利益が出るほど、「こんなに税金を取られてしまうのか」という感覚が強くなるのかもしれません。

たとえば、1000万円の利益が出たとします。実効税率を34%と仮定した場合、340万円を税金として納めることになります（節税をまったくしなかったと仮定）。さらに、翌期には中間納付として前期の税額約半額の170万円を払わなければならないので、1000万円の利益を上げても、会社に残るのは500万円ほどとなります。実際にこの数字を目の当たりにすると、「がんばっても半分しか残らないのか……」とがっかりするのではないでしょうか。だから少しでも節税して、会社にお金を残したくなるわけです。

一方、年間売上が5億円を超え従業員数も増えてくると、あまり無茶なことはしなくなります。会社の規模が大きくなり経理がしっかりすることに加えて、税務調査を数回は経験していることが多く、どこを見られるのか把握しているためです。経験者に聞けば、「そんなことで取られると思わなかった」という感想が多いはずです。実際に経験してみて初めてわかることは意外と多いものです。

税務調査経験の有無は、経営者の判断に大きな影響を及ぼします。税務調査を経験していない人ほど、税務調査を軽視したり、必要以上に恐れたりします。それが冷静な判断を難しくし、誤った決断を下すことにもなります。あまり意識することがない税務調査ですが、税金対策に欠かせないことがおわかりいただけるでしょう。

ちなみに、税理士事務所にも税務調査は入ります。税理士事務所は個人事業主が多く、税務のプロなのでそもそも入らないのですが、当事務所には過去に一度だけ、国税局の調査が入ったことがあります。父の時代、開業してから20年目ぐらいのときです。

私も父親と一緒に2日間、納税者側の立場で同席していましたが、何もやましいことがなくても調査が入ると言われるとソワソワするものでした。2日間の税務調査の対応を見ていると、税理士事務所はこんなところを重点的に調査されるのかとわかって驚きでした。普段の税理士としての立ち会いの2日間より、納税者の立場として受ける2日間は長く感じました。

私の父親は国税局出身のOB税理士で、普段多くの税務申告に携わっているので修正申告はなかったと言いたいのですが、1カ所修正がありました。

当事務所が取引する顧問先もほとんどが、一度は税務調査を経験しています。税務調査が入ったという事実はネガティブなものではありません。逆に勲章だと思ったほうがいいとよくお客さんにお伝えしますが、「そんなものはいらない」と答える経営者が多いので、いくらやましいことがなくても、多少は引け目を感じてしまうものなのかもしれません。

ルールは絶対だけれど……？

前項では、ルールに従うことの重要性をお伝えしました。ルールとは法人税、所得税、消費税、贈与税などの法律です。そして税法にくわしいのは税務署と税理士です。ということは、税務署や税理士の言うとおりに税金を払えばいいかというと、そうではありません。

その理由の一つに、法律の解釈は一通りではない、という事情が挙げられます。法律の解釈とはどういうことか？　法律は絶対的なものではないのか？　次はそれについて考えていきましょう。

税金には法人税法をはじめ、「○○税法」という名前で、原則的なルール（法律）が定められています。しかし、法律はあらゆるケースを想定し、こまかく規定しているわけではありません。すべてをカバーしようとすると非常に複雑になり、わかりにくくなるだけですし、法律の改正（国会で審議が必要）や運用に支障をきたすためです。

そこで実務上、重要視されているのが、「○○税基本通達」です。これは税法の解釈や適用方法を示す指針です。「法人税基本通達」なら、法人税について国税庁や税務署がどのような基準で解釈しているかが示されています。

これは内部規定のようなもので法的拘束力はありませんが、国税庁や税務署だけでなく、税務の現場、私たち税理士も重視しています。なぜなら、「○○税基本通達」は「○○なケースでは、△△と判断しますよ」という国税庁や税務署の考え方そのものであり、これに沿っていれば、税理士は問違いのない申告書を作成できるからです。

したがって、税務処理で判断に困ったら、これを参照すればいいことになりますが、たびたび問題提起がなされます。

その理由が、「社会通念」という言葉の存在です。次の2つの「通達」に関する文章を見てください。法人税基本通達の前文「法人税基本通達の制定について」と「所得税基本通達9－23」からそれぞれ引用したものです。

「この通達の具体的な運用に当たっては、法令の規定の趣旨、制度の背景のみならず条理、社会通念をも勘案しつつ、個々の具体的事案に妥当する処理を図るように努められたい。いやしくも、通達の規定中の部分的字句について形式的解釈に固執し、全体の趣旨から逸脱した運用を行ったり、通達中に例示がないとか通達に規定されていないとかの理由だけで法令の規定の趣旨や社会通念等に即しない解釈におちいったりすることのないように留意されたい」

「葬祭料、香典又は災害等の見舞金で、その金額がその受贈者の社会的地位、贈与者との関係等に照らし社会通念上相当と認められるものについては、令第30条の規定により課税しないものとする」

そのほか、「通達」ではありませんが、平成23年12月税制改正における税務調査手続規程の改正（国税通則法の改正）の趣旨を説明する文章でも、「社会通念」という言葉が登場します。

「国税庁では、法改正の趣旨を踏まえた上で、調査の実施に当たっては法令に定められた税務調査手続を遵守するとともに、調査はその公益的必要性と納税者の方の私的利益とのバランスを踏まえ、社会通念上相当と認められる範囲内で、納税者の方の理解と協力を得て行うものであることを十分認識し、その適正な遂行に努めることとしています」

さて、「社会通念」とは、簡単に言えば「一般社会で通用する常識において」ということです。非常にあいまいな言葉です。なぜなら、常識は必ずしもみんなの当たり前ではなく、人によって大きく異なる場合があるからです。そして税法の解釈では、納税者、税務署、税理士それぞれの常識の違いが、大きな問題を引き起こすことになります。

こうして、いざこざが起こる

昼ご飯に3000円。

皆さんはこれを高いと思うでしょうか。おそらく経営者であれば「高くはない」、一般の会社員であれば「高い」と思うはずです。これはあくまでも一例ですが、税務署や税理士の常識（ここでいう金銭感覚）は経営者寄りではなく、どちらかというと一般の会社員寄りなのです。つまり、昼ご飯に3000円は高いと判断します。

事業に関する食費は経費に計上することができます。取引先との食事代は事業に関係するので、経費になります。ところが、食事代が高額になればなるほど、「私的流用じゃないか」と言われる可能性が高くなります。一般常識から外れていくからです。「3000円以上の昼ご飯を食べてはいけない」とはっきり定められているならまだしも、「社会通念」という名の常識で判断されるために、そのような言われ方をすることがあるのです。本当に事業のためであっても、です。

人は自分の常識、価値観から抜け出すことがなかなかできません。毎月3万円のおこづかいの人は、年間で使えるお金が36万円です。その人が、毎月100万円、年間で1200万円使える人の行動パターンを想像するのは簡単ではないでしょう。

日本では「ランボルギーニに乗っていたら脱税している」とみなされることが少なくありません。5000万円の車を買うという感覚は、なかなか理解されないのです。

高級になればなるほど、リセールバリューは高くなるので、資産として持っておくことがあります。もし年間2億も利益が出たら、いろいろ考えるはずです。約1億弱も税金を持っていかれるのですから。このような感覚を持つのは、会社を経営しているからこそでしょう。

日本は諸外国に比べて税金が非常に高い国です。言葉の問題はあるとしても、同じビジネスで、違う国で申告すれば税金が安くなると聞くと、それが合法なら非居住者（移住）の選択も考えるでしょう。それが高額納税ならなおさらです。

行き違いが生まれる原因はこれです。国税局や税務署の常識と、経営者の常識は必ずしも一致しません。税理士と経営者も同様です。

納税者の常識、税理士の常識、税務署の常識……常識はそれぞれの思い込みです。自分の常識がいつでも、どこでも通用するわけではありません。それにもかかわらず、このようなあいまいな基準が指針に含まれているせいで、いざこざが起きているわけです。この「社会通念」によるズレはいたるところで顔を出し、経営者を困らせることになります。

以上のことをふまえれば、「税務署がつねに100%、正しい」とは言えなくなります。それは、必ずしも税務署の言いなりにならなくていいということです（法律を犯してもいいという意味ではありません）。

ただし、相手の常識を変えることはできないので、経営者が「（世間とは）常識が違う」ことを前提に考えていかなければなりません。

それでも税務調査を重視するべき理由

国税庁が公表した「令和5事務年度 法人税等の調査事績の概要」によると、法人税の実地調査件数は5万9000件。非違（違法行為）があった件数は4万5000件で、このうち不正計算があったものが1万3000件。申告漏れ所得金額は9774億円、このうち不正所得金額は2775億円、追徴税額は2102億円でした。

調査が入った法人の約75％が税務署から何かしら指摘されたということになります。実地調査が入る確率は少なくても、いざ調査が入るとかなりの確率で非違を指摘されるのです。

経営者はこの数字をどう捉えるべきでしょうか。

実地調査に入る件数は全体の1・8％（令和5事務年度）です。現行のシステムは「バレなければOK」という状況を生み出しています。ですから、「うちも大丈夫」と考えてもかまわないでしょうか。

または、非違される確率が高いと考えて、国税局や税務署の言うとおりに納税すればいいでしょうか。

同じ法のもとに税金を納めているにもかかわらず、お金を節約できる人もいれば、できない人もいます。いわゆる推定無罪（刑事裁判においては、被告人の犯罪が証明されないかぎり有罪にはならない）は多数存在するかもしれません。

税務署も当然、それを知っています。そのため税務調査では、調査官は何かしら疑いを持っています。「何か悪いことをしているだろう」というスタンスで来るということです。だから、徹底的に調べます。冒頭で紹介した脱税の事例はまさにその結果であり、税務署はその役割をしっかり果たしています。

したがって、手元に残るお金が多少減ったとしても、税務署に合わせるのが最もリスクは低いかもしれません。おそらく多くの税理士も、このスタンスを支持するでしょう。


でも本当にそれでいいのでしょうか。

ルールにのっとった納税が大前提です。しかし、ルールの解釈には違いがあります。社会通念＝常識というあいまいなものが大きく影響しています。

納税者が申告した内容に対して、それが正しいかどうかを判断するのは税務調査しかありません。すなわち、最終的な判断は税務署が下します。だから、税理士だって税務署の意見を尊重します。

それでも、税務署の見解がいつも正しいわけではありません。法律に解釈の余地が残されている以上、必要であれば交渉するべきです。税務署の解釈は、はたして実情に合っているのか？　このケースで適用されるべきなのか？　このような姿勢が納税者側にも必要です。

税務調査を軸に考えれば、それが可能です。唯一の答え合わせである税務調査にこそ、税務署や税理士の行動原理がすべてつまっているからです。ここを攻略することが、会社の資産防衛につながります。

ある程度仕方がないとはいえ、正直者が馬鹿を見る現状は好ましいものではありません。税務調査に負けない力を身につけていきましょう。

余談ですが、税理士は税務署の指摘を受け、納税者を正しく説得しようとしますが、それでも税務署による課税処分に納得がいかなければ、処分の取り消しを申し立てることもできます。そう、税務裁判です。これには一定の手続きを踏む必要があり、非常に手間（と費用）がかかりますが、私は過去に2度経験したことがあります。最初は勝訴し、2度目は敗訴しました。クライアントにも事前に負け戦になると伝えたものの、納税者が「どうしても納得できない」とのことで裁判したのです。敗訴したとはいえ、納税者もすっきりした気持ちで、納得されたようです。

税務訴訟は納税者側が納得しないのであれば、もっと税理士と一緒に訴訟を行なうべきです。勝訴すればそれが判例になり、今後の判断結果になり、同じことで悩む税理士、納税者に伝えていくことができます。

逆に、正しい手順（税理士法33条の2第一項に規定する添付書面）を踏めば、税務調査を受けずに交渉のみで終わる場合もあります。財務省発表の「令和5事務年度国税庁実績評価書」では所得税1・5％、相続税24・3％、法人税10％です。非常に低い割合なのは、あまりメリットを感じないからでしょう。

第2章

節税は経費を巡る戦い

ロレックスは経費に計上できない？

皆さんはロレックスなど高級腕時計の購入を検討したことはありますか？　事業で大きな利益を出したことがあれば、節税もかねて「会社の経費で購入したい」と一度は考えたことがあるかもしれません。

しかし、経営者から「ロレックスを経費で購入したい」と相談されても、ほとんどの税理士は「できない」と答えるでしょう。税務調査で否認されることがわかっているからです。

第２章では節税方法を扱いますが、税務調査の観点から言うと、節税とは「経費を巡る戦い」です。節税して税金を減らすには、経費を増やすのがてっとり早いので、経営者は「どうすれば、経費としてお金を使うことができるか」を考えます。（極端な例ですが）ロレックスもその一つ。

一方、税務署もそれを承知の上で、適切な計上になっているか、不正をしていないか、徹底的に調べます。そして、必要があれば否認します。仮に調査で否認されれば、税金の負担が増えることになります。節税するつもりだったのに、余分に払うはめになってしまった。そんな不幸はできるだけ避けたいものです。

さて、ロレックスを経費にできない理由は何でしょうか。

経費とは、事業で利益を得るために使った費用のことを言います。しかし、必要だからといって何でも経費にできるわけではなく、経費として計上するには、事業との関連性を証明しなければなりません。要するに「事業で利益を上げるために、どのように役立つのか？」に対する明快な答えが求められるのです。「高級な腕時計をしているから、営業できるんだ」程度の理由ではダメです。これを許してしまうと、何でも経費にできてしまいます。

経費は私的流用が疑われやすい項目です。特に時計のように日常的に使うものは仕事用か私用か区別しづらいのです。

では、ロレックスの経費計上を可能にする条件を考えてみましょう。

腕時計を商材として扱っていて、宣伝活動として着用する。富裕層向けの不動産業で時計好きのお客様に営業するために着用する……ロレックスの購入価格にもよりますが、これならできるかもしれません。その場合、会社で「使用一覧表」などを作り、社員が使う際は「○○のお客様に物件紹介に行きます。V.I.P.でロレックスが好きなので使わせていただきます」などルールを決めて、厳密に管理する必要があります。ただ、一人社長だと仕事用と私用の区別を証明しづらいので、このように管理しても難しいでしょう。

どうしても経費にしたいなら、会社の資産として購入するという方法もあります。美術品として扱い、応接室などに飾り、減価償却（8年または15年）を行なうのです。

ただし、1点100万円未満であること（100万円以上の美術品は資産の価値が変わらない非減価償却資産として減価償却を行なわない）、誰も身につけずに飾っておくことなど、こちらもいくつかの制限がありますし、今のロレックスは100万超えがほとんどなので難しいです。

経費ではありませんが、ロレックスのように価値が上がるものであれば、売却目的で購入することも可能です（減価償却しない有形固定資産として買う）。売却時は売却益に対する税金を支払う必要がありますし、プライベートで使っていないことの証明はなかなか困難ですが、会社に保管場所があれば交渉はできます。また、これは税務署側の都合のいい話ではありますが、売却するときに大きな損が出た場合は税務署は指摘するかもしれません。

以上のように、ロレックスを会社のお金で購入するのはハードルが非常に高いです。いくつかの選択肢を一つずつ説明すると、たいていの経営者はあきらめます。そこまでして買う理由を見出せないのです。

私は時計好きの社長から、時計コレクションの楽しみ方を聞いたことがあります。「時計には1個、1個に思い出があるんや。たとえばこの時計は、会社設立して10年目で買ったロレックスで、会社の社員旅行で行った香港につけていったり、家族でグアムに行ったときにつけていったときの時計やねん」「このパテックは初めて子どもが生まれたときに買った時計や」など、時計は買った理由や、旅行につけていったり、思い出を刻みながら楽しむものだと言うのです。時計に関していえば、無理に経費にするよりは、このような楽しみ方がスマートのように思います。

さて、本論に入る前に、経費について一つ、大事なことを指摘しておきましょう。それは、経費は収支のバランスを考えること、です。経費計上においては、金額よりも、誰が聞いても納得できる説明ができれば経費に計上することは可能です。しかし、利益が100万円しかないのに、80万円のロレックスを買ってしまっては、バランスが悪いと言わざるをえません。

それゆえ、たとえ経費にできるとしても、身の丈に合わないお金の使い方は基本的におすすめできません。特に高額な節税商品や、高級ブランドの購入は、会社のためにはならないですし、金融機関の印象も良くありません。

税務調査で重要なのは法人税

ここからは、節税策を講じるために必要な基本知識を順番に解説していきます。まずは次のリストを見てください。これは法人が収める主な税金です。

・法人税（法人税、地方法人税）
・法人住民税（道府県民税、市町村民税）
・法人事業税（事業税、地方法人特別税）
・消費税

・源泉所得税

税務調査は、法人税、消費税、源泉所得税、印紙税を対象に行なわれます。これらに共通するのは国税であること。国税とは、税務署を通して国に支払う税金です。

一方、法人住民税と法人事業税は地方税と呼ばれ、都道府県や市町村に税金を支払います。地方税の税額は一部を除き、国税で計算された結果をもとに算出されます。つまり、国税を対象にした税務調査が行なわれれば、国税と連動した地方税について税務調査は実施されないのです。

法人税、消費税、源泉所得税、印紙税のうち、特に重要なのが法人税です。法人税は法人が企業活動で得た所得に課される税金です。すべての法人はその事業年度に所得があれば、法人税を払う義務があります。赤字であれば法人税を払う必要はありません（黒字の事業年度の所得から、過去の赤字分を引くことも可能）。

所得は利益とほぼ同じ意味なのですが、厳密には違いがあります（左ページの図参

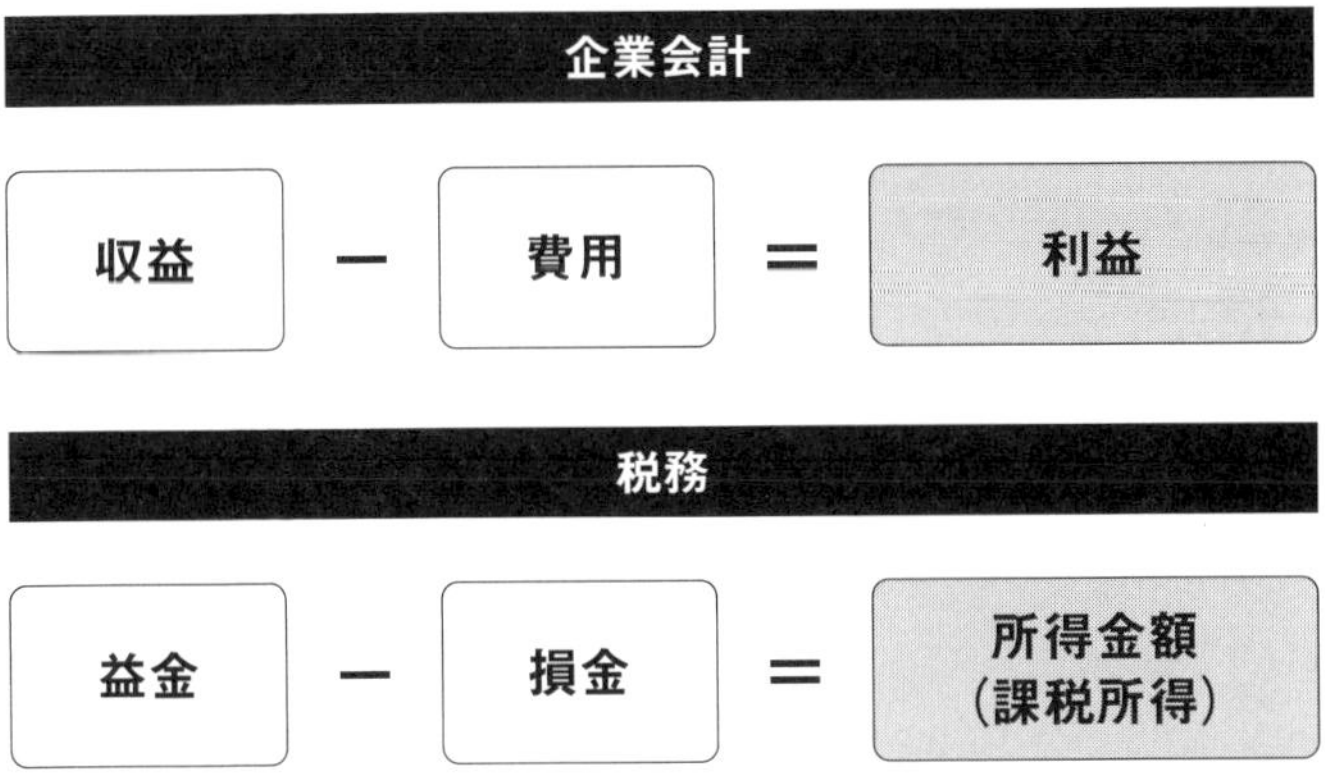

照）。

法人の所得金額は、益金から損金を引いた金額です。益金とは、商品やサービスなどの販売による売上収入や、土地・建物の売却収入など。損金とは、売上原価や販売費などの費用、損失に当たるものです。

益金、損金は税務上の用語で、企業会計における収益、費用とほぼ同じ意味合いです。

所得が増えれば納税額も増えます。逆に所得が減れば納税額は減ります。すなわち法人税の節税では、所得を減らすことが重要になります。これを税務署の視点で言えば、法人の所得を増やすことができれば、税額を増やすことができる、となります。

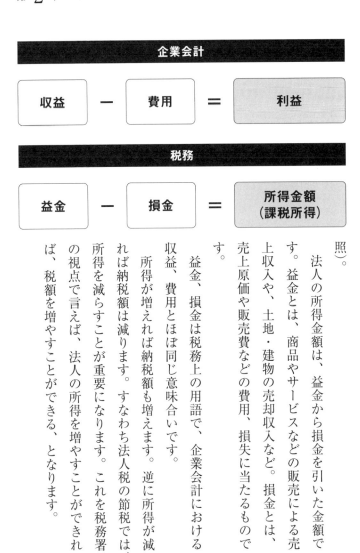

なお、こまかい説明は省きますが、税務調査では法人税のほか、消費税、印紙税や源泉所得税もチェックされます。ただ、印紙税を入念にチェックされるのは不動産業界や建設業界、契約書が多い業種で、源泉所得税は従業員が多い大手がよく見られる傾向にあるなど、すべての会社に該当するわけではありません。

本書では最低限、押さえておきたい法人税を中心に取り上げます。

税務調査で見られるのは「売上」「仕入れ・在庫」「販売管理費」

法人税の仕組みを見れば、税務調査で調べられるのは、所得に関するものだということがよくわかると思います。

税務署は、所得を見ていくにあたり、主に次の3つに分けて考えていると言っていいでしょう。

・売上
・仕入れ・在庫
・販売管理費

会社の利益（所得）の元となる売上。売上は商品やサービスなどの販売によるもので、それに対応する仕入れ・在庫、そして業務上必要なものとして会社が支出する販売管理費。

この3つは税務調査でどのように調べられているのでしょうか。

▼売上

税務調査で初日に確認されるほとんどが売上です。そのポイントは2つ。計上漏れと期ズレです。売上は会社の利益の元となるものですから、税務署も正確に把握しようとします。

計上漏れは文字どおり、売上を帳簿に計上していないことです。

法人税の不正発見割合の高い10業種

順位	業種目	不正発見割合（%）	不正1件あたりの不正取得金額（千円）	前年順位
1	バー・クラブ	59.0	29,851	—
2	その他の飲食	42.3	21,011	1
3	外国料理	38.8	39,636	—
4	土木工事	31.5	16,257	4
5	美容	30.8	23,779	10
6	一般土木建築工事	29.5	20,981	7
7	職別土木建築工事	29.5	17,266	5
8	廃棄物処理	29.2	18,317	2
9	船舶	28.8	38,164	—
10	その他の道路貨物運送	28.8	16,327	—

※参考　国税庁「令和５事務年度　法人税等の調査事績の概要」をもとに編集部作成

計上漏れでは単発取引や現金決済が漏れやすい傾向にあります。たとえば、飲食店のテイクアウトや出前の売上を現金でもらっていたり、現金伝票を破棄して売上の証拠を残さなければ、売上を低く装うことができたり、飲食業は売上の計上漏れが多い業種と見られていて、実際、国税庁が公表した「法人税の不正発見割合の高い10業種」のうち、上位３業種は飲食業です。

単なるミスによる計上漏れで

はなく、意図的に計上しない売上除外と判断されると、重加算税など重いペナルティーが科されます。本来の税額よりも不正に少なくしようとするわけですから、税務署は売上と仕入れが対応しているか、慎重に調べます。

製造業や建設業、歯科医院でよく発生する売上除外が、鉄くずや金歯、銀歯の換金です。

たとえば、建築現場ではよく鉄くずが発生します。建築工事や解体工事の過程で不要となった、構造材や柱に使われている鉄骨などの鉄鋼製品のことで、この鉄くずは換金することができます。これらは本業の売上額以外の収益として雑収入扱いとなるのですが、現金でやりとりしたり、社長個人の通帳で取引すればバレないと思うのか、これを計上しないケースがあるのです。

鉄くずの売上除外が発覚する経緯はだいたい同じです。まず、調査員が事務所内の「鉄くず回収箱」といった箱を見つけ、そこに鉄くずが入っているかを確認します。その後、売上か雑収入（事前に確認済み）をチェックし、帳簿に記録がなければ、

「収入に鉄くずはありませんか？」と質問。それでも回答が得られなければ、鉄くず業者への反面調査を行ない、出入業者の記録簿なりを確認し、記録簿に調査対象の会社の名前があれば支払った金額はすべて反面先の会社から聞きます。もしくは銀行に照会をかけて、個人の口座まで調べます。そして、個人の口座を通してやりとりしていることが発覚、という流れです。個人の口座を使ってしまうのは、税務署はそこまで見ない、とたかをくくっているからでしょう。

今は現金で受け取ることがなくなってきているので、だいぶ減ってはいるとは思いますが、昔は鉄くずを隠す会社が多かったので、「売上除外するとすぐにバレますよ」とお伝えするようにしていました。鉄くずの売上除外は、リスクが大きいのです。もちろん指摘されると重加算税の対象になるので、しっかり収入計上しましょう。

期ズレは、売上の計上時期にズレが生じることで、決算期をまたぐ売上の計上で起こります。今期に計上すべきだった売上を翌期に計上すれば、今期の売上は減ることになります。もし、予想以上の利益を出すことができたとしても、来期がどうなるかはわかりません。そのため、今期の利益を一部、翌期に回したいと考える経営者もいます。

ところで、医師や不動産オーナーに税務調査が入りづらいのは、売上が安定しているからです。医師は国民健康保険、社会保険の収入で、不動産オーナーは家賃収入なので売上除外が起こりづらいからと考えられます。ただし自費が多いクリニックや売買が多い不動産オーナー業には税務調査は入ります。

▼仕入れ・在庫

仕入れは、売上との関係が適切か、架空計上をしていないかが焦点になります。仕入れがないにもかかわらず、仕入れがあったかのように帳簿に記載したり、本来は翌期に入れるべき仕入れを当期に計上したり、といった点が調べられます。

在庫は、棚卸資産のことです。これは税務調査において鉄板で引っかかる項目です。

というのも、棚卸は年度末に自分たちで確認するものなので、比較的容易に不正できるからです。そのため、経営者は原始記録を保管し、期末前後の売上・仕入れから漏れがないか確認しておくことが大切です。

ただし、これは言葉で言うほど簡単ではありません。おおよその把握で済ますところが多いです。個人経営のスーパーを例に考えてみましょう。そのお店は12月末が決算だとします（個人事業主の事業年度は1～12月）。棚卸資産は数量×単価で構成されますが、仕入れた材料がどれだけあるのか、売上と仕入れの対応関係を正確に把握するのは個人商店ほど難しくなります。大きいスーパーであれば、今は管理ソフトがあるので簡単にできますが、個人商店ではパソコンで管理などしないことがほとんどだからです。

したがって、12月末（会社なら決算日）でだいたい何日分の在庫があるか確認して、それが10日分なら、12月の仕入れ額から3分の1を棚卸として計算するしかありません。仮に精肉店なら、基本的に年末で在庫を残さないから在庫はほぼないでしょうが、冷凍や日持ちするものなら棚卸に計上です。

棚卸は上場会社であれば毎月、必ずやりますし、中小企業もデータ管理している会社が多いので棚卸はしっかりしています。しかし、零細企業や個人商店は決算月だけです。そして、税務調査で見られるのは期末の棚卸なので、しっかりと説明できれば、このようなざっくりした把握でも十分というわけです。

また、仕掛品（製造途中で未完成の製品）は棚卸資産とみなされます。そもそも、今期の売上に対応しない原価（仕入れ）は、費用（損金）ではなく、仕掛在庫（棚卸資産）として、資産に計上する必要があるのです。当然、未完成の仕掛品は売上に対応しないため、間違えてしまいがちです。

節税のカギを握る!?
経費の話

販売管理費とは、販売費及び一般管理費の総称です。商品の販売や管理業務に発生するすべての経費で、経費は商品を製造するために必要な費用です。

節税において焦点となるのは販売管理費ですが、説明をシンプルにするため、本書では販売管理費を経費として扱います。

さて、経費に該当するのは人件費、消耗品費、交際費、旅費交通費、福利厚生費、減価償却費、修繕費、広告宣伝費など、多岐に渡ります。

税務調査でポイントとなる代表的な項目に絞って解説していきますが、経費で大切なのは「仕事用・私用の線引き」「収支のバランス」「特定の人間（社長か役員）だけではないか？」の３つ。これをつねに意識してください。

▼人件費

人件費は主に役員給与と従業員給与があります。役員給与は、過大な役員報酬や役員退職金を支給していないかが焦点となります。特に問題となるのが同族関係者です。勤務実態がちゃんとあるか、または不相当に高額な部分があれば、否認されます。

ただし、不相当に高額というのも企業の利益によるので、一概にいくらとは言えま

最終報酬月額 × 役員勤務年数 × 功績倍率 ＝ 退職金

せん。年間で３６００万円、月額３００万円の役員報酬を払っていれば、普通は高いと思うでしょう。その企業が赤字なら話は別ですが、売上・利益を見て、不相当に高くなければ、問題ありません。

ただ、経営者の家族（奥さんや、勤めているお子さん、結婚している娘さん、遠方にいるお子さんなど）に対しての支払いがある場合は、金額に関係なく、しっかりと業務内容の説明と出勤簿（遠方にいてリモートや電話の場合にはその日にちなど）は必要となります。

退職金でも同じことが言えます。退職金は功績倍率といって、職責や勤務年数を基準に算出されます（上の図）。

功績倍率は、役職や資本金、従業員数、職種などによって異なりますが、代表取締役であれば3倍が無難と言われています。ただ、これは定まったものではありません。極端な例ですが、勤続年数が50年の人と5

年の人では当然、貢献度は違うはずですし、100億円企業に成長させた立役者であれば、評価はまったく違うでしょう。なんでも杓子定規に3倍と考えてしまうのは現実に合っていないと思ってしまいます。

そのほか、役員給与で注意したいのが認定賞与です。

役員や社員が私用で使った消耗品やサービスの費用が経費として認められず、賞与とみなされることがあります。役員が私用で使った場合は法人の経費として認められないということです。たとえば、取引先ではない人との飲食代や、ゴルフのプレー料金などが該当します。

そうなると、社員の場合なら源泉所得税、消費税の納付、社員の所得税・住民税に課税、役員の場合だと源泉所得税、法人税、消費税、役員の所得税、住民税が課税されます。これをダブルパンチ・トリプルパンチと言いますが、かなりの負担になってしまいます。

次に従業員給与です。これは架空人件費と未払い賞与が焦点になりますが、人件費で最初に見られるほど重視されるのが架空人件費（幽霊人件費）です。会社に在籍していない人間に対して、人件費を計上しているかを調べます。

典型的なのが社長の恋人や元妻に対して慰謝料代わりにお金を払っているケースです。最近は減少傾向にあるものの、架空人件費の代表例です。

会社は労務管理をする上で、給与台帳（任意）または賃金台帳（義務）を作成します。従業員の給与情報が記載されているものですが、全従業員の中でただ一人、タイムカードもなく「30万円」といった毎月変わらない金額が支払われていると、間違いなく指摘されます。税務調査に入って早々、「この○○さんという人はどこにいますか？」「どのような業務をされていますか？」と聞かれるのです。

恋人に給与を毎月同額で振込をしていたケースでは、社長自らがATMに行き、彼女の口座から現金を引き出していた映像がカメラに残っていました。これでは追求は免れません。

「社長、○○信用金庫で、△△さんの口座から現金を引き出されてますが、なんで社長さんが引き出してるんですか?」

このケースでは、社長が女性名義の口座の通帳を管理していました。税務署は金融機関の情報も見ることができます。その信用金庫は会社のすぐそばでしたので、言い逃れできなかったわけです。

本来、給与が出ている彼女の口座をなぜ社長が勝手に引き出しているのか? 実際のところは社長が引き出して、いくらか彼女に渡し、残りは社長のポケットマネーになっていました。私も立ち会いましたが、さすがに驚いたと同時に、笑ってしまいました。

ただ、プライベートな付き合いがあっても、ビジネスのパートナーである場合もあります。私が立ち会った別の例では、奥さんが経理をしていることから、念のため現金払いで彼女に給与を支給していました。

現金払いは証拠が残らないので、とにかく証明するものが必要です。よく現金払いは脱税のレッテルをはられます。今の世の中では現金でのやりとりは減っていますが、それでも現金で払わないといけない場面はあるので、絶対悪とは言いきれません。とはいえ、間違いなく指摘される以上、証拠や根拠を残し、しっかりと説明できるなど対策が必要です。

見解の相違がたびたび起こる「交際費」の扱い

交際費は、得意先や取引先、その他事業に関係のある者等に対する接待や贈り物をしたときの費用を言います。適用される範囲が広く、飲食や贈答だけでなく、後述するリベートなども交際費に含まれることがあり、取り扱いが簡単ではありません。交際費は経費の中でも納税者側のミスが起こりやすく、税務署との見解の相違も生まれやすい項目です。

交際費のルールは下記のとおりになっています。

・**資本金1億円以下の法人**　年間800万円まで、または接待飲食費の50％まで
・**資本金1億円を超える法人**　接待飲食費の50％まで
・**資本金100億円を超える法人**　全額損金不算入

つまり、ほとんどの中小企業の交際費は実質的に年間800万円まで、という決まりがあるのです。

年間800万円を超えなければ、取引先との飲食はそれほど深く考えずに交際費として計上していいのですが、それでも仕事用と私用の線引きははっきりさせないといけません。

同じお店に毎週行っていれば、税務署は何人で行っているのかお店に確認することもありますし、「○○旅館　20万円」という領収書があれば、税理士は事前に経営者

に確認するでしょう。

また商品券を会社の経費で払っている場合は、必ず税務調査で聞かれるので、相手先とその目的はしっかり記録しておく必要があります。もし役員が使っていれば、先ほど述べたトリプルパンチです。

このような例は私的流用を疑われてもしょうがないです。しかし、税務署側が現代のビジネス事情に対応できていないと感じることもあります。それが飲食に家族（子どもを含む）が同席していた場合です。ほぼ間違いなく、私的流用を疑われます。「家族も同席しているので、仕事用の食事ではないですよね？」と言われるのです。家族だけで食事をしたなら、事業に該当しないので除外するべきです。

しかし今の時代、取引先と家族を交えて交流することはめずらしくありません。毎月、家族交流をしているのであれば論外ですが、これから初めて取引する業者、奥様からのご縁、子どもの学校関係で仕事の繋がりが始まったなどのケースもあります。本当に事業のためである食事代や宿泊費であれば、（支払頻度や金額にもよりますが）

ちゃんと記録を残しておけば、堂々と交際費に計上すればいいのです。

税務署の「自分たちの常識が正しい」という考え方はこれに限らず、さまざまな場面で表出します。

たとえば以前、ある個人クリニックで交際費の30％を否認されたことがありました。そのクリニックの年間売上は3億円、利益は1億4000〜1億5000万円と、堅実なドクターが経営していますが、交際費が年間で1500万円を超えていたのです。個人クリニックの交際費がそれほど高額になることがないせいか、税務署は私的流用を疑いました。

そして過去3年さかのぼって調べた結果、「交際費の総額の30％を否認する」と言われたそうです。しかし、問題は30％の根拠が不明だったことです。家族で飲食した領収書が見つかったとか、最低限の証拠があれば話は別ですが、そのようなものは一切なし。税務署の調査員からは「医者がなんで交際費を使うんですか？　金額が多くないですか？」と質問されたそうですが、その裏には「安定した仕事だから、営業は必要ないですよね？」という決めつけがあるわけです。

それにもかかわらず、クリニックの顧問税理士は「交際費の否認額を総額の20％まで減らして、3年で1200万円にしてもらったので払いましょう」とドクターに伝えたそうです。

当然、税理士は税務署に30％の根拠を聞いていません。特に疑問を持たないから、言われるがまま（むしろ20％に下げたから仕事をしたと思っていたようです）だったのでしょう。

なぜ、30％なのか、それがどのような判断で20％になったのか？　その根拠はどこにもありません。ドクターが受け入れて払うにせよ、税理士はその根拠を絶対に聞かなければいけません。自分の感覚で捉えてしまってはいけないのです。

また、土・日の領収書にすべて付せんを貼られたドクターもいました。ドクターは土・日に仕事はしない、営業もしないという印象が強いためでしょう。

私はたくさんのドクターの税務顧問をしていますが、皆さん良い業績を上げていま す。共通しているのは、社交性のあるドクターだということ。今の時代、コミュニケーションが苦手な院長では、経営は厳しくなります。私の父の時代は正直そのような院長も少なくありませんでした。それが今では、患者さんに寄り添う医者でなければ経営は難しいと危機感を持っています。だからこそ、休日も同業のドクターとの勉強会や他業種の経営者、地元の経営者と積極的に交流しているのです。

したがって、土曜日であれ日曜日であれ、クリニック運営に関わる関係者との会食に行くのであれば、堂々と経費（交際費の一定の条件を記載して）として落とせばいいのです。

20万円の毛皮のコートは贈答品としては高すぎる⁉

「取引先の社長の奥様に、20万円の毛皮のコートをプレゼントした」

皆さんが税務署の調査員だったら、これを交際費としてすぐに認められますか？　それとも、私的流用だと疑いますか？

これはあるＩＴ関連の会社に税務調査が入ったときのこと。税務署の調査員は後者でした。

調査対象となったその会社はまだ若く、初めての税務調査でしたが、少し交際費が多かったのは事実です。毛皮のコートのほか、ブランドバッグなども含め、高級なものが贈答品として交際費に計上されていたのです。

最終的に毛皮のコートは本当に贈答品だったと証明されたのですが、そこに至るやりとりは一筋縄ではいきませんでした。

最初は反面先の百貨店に電話を入れました。外商の担当者に話を聞くと、たしかにそこで購入されたものでしたが、「社長本人と奥様が来店され、コートは配送せずにそのまま持ち帰られました」と言うのです。

そうなると、調査員の疑いは確信に変わります。

「これはダメでしょう。奥さんと一緒に来て、購入したものを家に持って帰ったなら、それは奥さんの買い物でしょう」というわけです。たしかにその意見に筋が通っていると考えた私は、それを社長に伝えることにしました。それでも社長は「いや、ちゃいます。自分では女性の趣味がわからないから妻に来てもらい、選んでもらいました。家に持って帰ったのは、食事を約束したのでそのときに渡すためです」と言います。

調査員はそれでも納得しません。すると今度は、「じゃ、いつ、どこで、何人で食事をしましたか？」と確認し、最後は取引先の社長にも電話で確認を取りました。

その結果、取引先の社長の回答によって事実だったことがわかり、ようやく認めてもらうことができました。

税務署が納得できない理由も当然わかります。しかし、サプライズはビジネスシーンでは有効です。「高価なプレゼントを渡すと税務調査で必ず指摘される」と伝えますが、経営者はそれよりも取引先との関係が優先です。このケースはビジネスのお礼なので、20万円を超えると雑所得に該当し、確定申告の指摘をされることもあるので注意が必要です。税理士の立場としては、「社長、やめときましょ」と伝えるべきですが、難しい問題です。

交際費か？　それ以外か？

交際費の扱いを難しくする要因に、隣接費用の存在もあります。福利厚生費、会議費、広告宣伝費などです。一般的に区別しづらいのは、会議費との違いでしょうか。飲食費が含まれると判断に迷うこともあるので、簡単に違いを説明しておきます。

会議費と交際費の最も大きな違いはその目的です。会議費はその名のとおり、社内外を問わず、会議や打ち合わせのためにかかった支出です。会場利用料をはじめ、会議であることを証明する必要があります。交際費はこれまで説明してきたとおり、取引先への接待や贈答です。どちらに該当するか、目的をもとに適切に判断しましょう。

そのほか、注意が必要なのはリベートです。リベートは販売報奨金や紹介手数料のことで、「売上割戻し」という項目で全額経費にすることができます。

ところが、社会通念上不適切だと判断されると、否認されます。

お客様を紹介してもらったお礼に払う紹介料は交際費になります。一方で、売上のうちあらかじめ契約によって決めておいた金額を払うと、それはリベートになります。ただし、金額が不相当に高い、金額の根拠が明確ではない、相手によって金額が異なると、交際費と認定されやすくなります。

交際費は私的な支出がよく紛れ込むので、経費に計上できる額が制限されています。調査でも、支出の内容によっては交際費として扱うべきだと認識されます。もしリベートではなく交際費であると認定されると、交際費の限度額８００万円を超えている場合には追加税額が発生することになりますので注意が必要です。

しかし、リベートは業種によって売上を上げるために必要なものです。新しい取引先を紹介してもらい、年間１０００万円の契約につながったとします。その場合、あらかじめ契約など結んでいなくても、紹介者に現金や振込などで紹介料を払いたくなるものでしょう。これは当然、経費だと思いますが、税務調査でたびたび問題になるのが、誰に払ったかを言えない場合です。税務上、誰に払ったかを言えないのであれば、使途秘匿金、使途不明金となり経費には計上できません。また、受け取った金額にもよりますが、当人が申告していなかったら、その当人にも申告義務が発生し問題にもなります。

支払った会社側としては仕事を紹介してもらったので業務手数料だと思いますが、仕事をもらう会社側の営業担当者が税務上の申告をしていたとしてもあまり表立っては言えません。

昔に比べてだいぶ減りましたが、このような紹介料の支払いは土木、不動産に多い印象です。もし大手ゼネコンの担当者が「発注したから、お金をもらう」としたら、横領になります。本来は会社に入る利益だからです。

ただ、現行のままでは、ビジネスの実情には則していないとも思ってしまいます。解決策がないと同じことの繰り返しになってしまいますから、何か良い打開策はないものかと思います。

旅費交通費・福利厚生費における私用の範囲

旅費交通費は会社の業務のために、いつもの勤務地以外の場所へ移動するときに発生する費用です。簡単に言えば出張にまつわる旅費です。交通費や宿泊費などがそれに含まれます。

社長が奥さんと2人で行った旅行代金はもちろん経費に入れられません。しかし、もし海外出張にガイドとして付いてきてもらう場合はどうでしょうか。「社長本人に海外経験がなく、経験豊富な奥さんに同行をお願いした」という理由であれば、指摘されることはあっても、奥さんは海外経験が豊富である、航空会社で勤めていた、語学力が堪能であるなどの理由で同行するのであれば、ダメだとは言われません。仮に税務調査の際、奥様に確認させてくださいというのであれば、奥さんに説明してもらえばいいだけのことです。
ただし、出張期間が5～6泊だったり、出張の目的が終わったのに宿泊しているなら否認されます。また、金額の判断は難しいのですが、2人で高額な食事を毎食しているなら、こちらも否認されます。

医師が学会に参加するための出張旅費も、医師としての業務を行なう上で必要な費用として認められています。基本的には複数で行くことが多いですが、もし一人で行かなければならないとなったら、（上記の条件であればそれが家族でも）同行者の旅費は経費になります。

また、同じ旅費でも、その目的によって処理の仕方が異なります。キャンペーンの景品として消費者を旅行に招待すれば、それは広告宣伝費ですし、社員旅行は一定の条件はありますが福利厚生費になります。
福利厚生費は社員旅行に限らず、会社が従業員のために支出する給与や賞与以外の費用です。社員旅行、忘年会や親睦会、健康診断の費用などに加えて、クルーザーや保養所の購入代金も認められます。

クルーザーであれ保養所であれ、福利厚生の一環ですから、従業員のためのものです。従業員が2人しかいなかったり、社長だけが使っていては認められないでしょう。

クルーザーや保養所は私的なものというイメージが強いので、税務署も私的流用を疑います。税理士ですら、「クルーザーや保養所はダメですよ。税務署に怒られます、否認されますよ」と自分自身の社会通念にてらして判断してしまいます。

しかし、これまで説明してきたように、ちゃんと証拠を残す、クルーザーや保養所の記録簿を作り、社内に置いて使用する日付、使用人数、名前、用途（会社用か、取引先か。取引先なら交際費）を管理しておけば、経費として計上していいですし、初年度はよく利用したが、翌期は利用頻度が少なかった場合であれば減価償却をせずに、非償却で処理をすればいいのです。仮に税務調査でここまで準備をしてダメだと言われたなら、こちらも明確な根拠や理由を聞けばいいだけです。

人手不足が深刻だとこれだけ叫ばれる中、福利厚生は従業員の採用や定着率に大きな影響を及ぼします。

その中で私が納得できないのが、国税庁が定める従業員の食事補助の上限額、月3500円という金額です。

これは企業側と従業員側双方で負担を分けることで、食事の質や健康を重視する意識を共有するという目的で決められました。

たとえば従業員が1カ月に20日間、ランチを食べるとすると、税法上認められる会社側の上限額は、1日175円なので、350円の定食になります。上場企業や大手企業なら食堂があるので対応できるかもしれませんが、従業員が少ない中小零細企業では、350円の金額では食事補助や社員食堂の利用はできないでしょう。

交際費から除かれる社外の人との飲食費（一定の条件を満たす必要がある）は5000円から1万円に上がったのに、なぜ従業員の食事代の上限額は上がらないのでしょうか。

従業員の食事代の上限額の条件はすぐにでももっと緩和されるべきだと思います。

旅費規程を誤解してはいけない

出張には電車、タクシー、宿泊、食事など、さまざまな出費がかかります。それらの領収書をもらって精算すると大変です。そこで役に立つのが（出張）旅費規程です。社員が立て替えた旅費を精算する旅費精算とは異なり、「旅費交通費はいくら」「宿泊料はいくら」「そのほか食事代などはいくら」とあらかじめ定めておき、出張手当として一括支給するのです。もちろん、ホテル代だけでも構いません。その場合は「宿泊手当はいくら」と決めておきます。余った差額のお金は現状では会社に戻す必要はありません。

交通費や宿泊費などの経費は非課税ですが、一定の金額が支給される出張手当は給与所得として原則、課税対象となります。しかし、旅費規程で金額が規定されていて、常識の範囲内であれば非課税所得として扱うことができます。その結果、従業員は所得税の対象にならず、一方の会社は出張手当を全額経費にできます。そのため、節税効果も得られるのです。

ただ、旅費規程はしばしば誤解されます。

特に、「旅費規程を作って、とにかく使え」というアドバイスを鵜呑みにしてしまうのは危険です。そこには大切な情報が含まれていません。旅費規程は会社ごとに作成することができますが、目的、適用範囲、旅費の項目と支給額などを決めなければならず、その中身は難しいのです。

旅費規程を誤解した典型例の一つは「日当を多めに設定して、かつ、出張にかかった経費まですべて会社の経費に入れてしまう」こと。その理由の一つに、日当をおこづかいだと考えていることが挙げられます。日当は何でも自由に使えるお金ではなく、あくまでも出張にまつわる経費です。そのため、常識の範囲内で設定することが必要です。

日当の金額を決めるとき、参考になるのは内閣総理大臣の旅費規程で、日当は1日3800円（宿泊代、交通費、クライアントとの食事代は含まない）となっています。税務署はこれを基準に考えます。

重ねて言いますが、この3800円はおこづかいではありません。出張にまつわる身の回り品や食事代などを補助するためのものと心得ておきましょう。

また、旅費規程を社長や役員だけに適用としてしまうこともNGです。旅費規程は全社員に適用するものを作る必要があります。

4年落ちの高級車を買うと節税になる理由

「4年落ちの高級車を買うと節税になる」

これはよく聞く節税策の一つですが、税金対策に有利と言われるのは、減価償却が大きく関係しています。

事業のために購入した固定資産のうち、建物や設備、備品などは年月の経過によって価値が減っていきます。これを減価償却資産と言います。そして、取得にかかった費用は一度に経費計上するのではなく、その資産の使用可能期間（法定耐用年数）で分割して計上するのですが、この手続きを減価償却と言います。

減価償却資産は取得価額が10万円以上、かつ使用可能期間が1年以上の資産です（一部例外あり）。逆に、土地や取得価額が1点100万円以上の美術品など、価値が減少しない固定資産は減価償却できません。

なお、2015年1月1日以後に取得した美術品は1点100万円未満なら減価償却できますが、この金額はずっと変わっていません。私は上限の引き上げを検討してほしいと思っています。美術品を買う多くの人がそう思っていますが、絶対数が少ないので、その声は届かないようです。そもそも美術品は富裕層のムダ使いだと思われているので、実現への道のりはかなり険しいでしょう。

話を戻すと、10万円未満のパソコンなら費用として一括計上できますが、30万円以上のパソコンは、法定耐用年数である4年で分割して処理します。

このように、固定資産は減価償却を行なうことで経費に計上できます。したがって、高級車のように減価償却費が大きいほど節税できることになります。

それをふまえて、4年落ちの高級車を買うと節税になる理由を考えていきましょう。

社用車の購入で節税効果を高めようと思ったら、いくつかコツがあります。1つは4年落ちの中古車を購入すること。減価償却資産には使用可能期間にあたるものとして、法定耐用年数が定められています。普通車の耐用年数は6年です。しかし、4年落ち以上の中古車だとそれが2年になります。

減価償却の方法は定率法と定額法の2種類があります。定率法は毎年一定の割合で償却し、定額法は毎年一定の額を償却します（法人は基本的に定率法を使用することになっています）。

定率法の特徴は購入した年の減価償却費が大きくなること。詳細は省きますが、耐用年数が2年の場合、定率法だと全額を1年で償却できます。

ということは、4年落ちの中古車を購入すると、その費用すべてを1年で減価償却費として計上できることになります。もし大きな利益を見込めるなら、その年に経費として計上すれば、利益をかなり圧縮することができます。当面の利益を減らしたいなら中古車、複数年に渡って経費計上したいなら新車という判断もできるのです。

一つ注意を付け加えると、購入した年に全額を計上したいなら、決算月の翌月（期首）に購入しなければなりません。減価償却は年単位ではなく月単位、月割りで行ないます。したがって、決算月に購入してしまうと、1カ月分しか経費にできないのです。減価償却は償却開始時期も重要で、「事業の用に供した日」＝使い始めた日が起算日となります。代金を払った日ではなく、納車された日（車検証登録日）であることにも注意を払う必要があります。

減価償却期間が終わると、節税のうまみはなくなりますが、もしそのときに車の市場価値が落ちていなかったら、売却するという選択肢も考えられます。ですから、リセールバリューの高い高級車――ランボルギーニ、フェラーリ、ポルシェなど、市場価値が下がりにくい一定の車種――を選べば、数年後に売却しても購入価格とさほど変わらないので、また高級車を購入する……という形で、短いスパンで売却・購入をすることも可能です。

一定の車種は値段の推移がある程度安定しているので、たまたまかもしれませんが、

1000万円前後の車を社用車で乗るほうが長い目でみると損しています。

中古車を買って費用の全額を1年で償却すれば、高級車になるほど利益の圧縮につながり、数年後には購入価格とあまり変わらない金額で売却ができたり、それ以上のプレミアム価格で取引されていることもあります（こちらは節税というより、資産運用の話です）。

スポーツカーはダメ、は本当か

節税を目的に高級車を購入する場合、それがスポーツカーとなると話は変わります。税務調査で認められない可能性が高くなるのです。というのは、仕事用・私用の線引きが難しいためです。

高級車を購入するのは、そもそもが事業用（社用車）という前提があります。そのため、合理的な理由付けとしては、通勤目的で使用する、経営が好調であることを対外的にアピールするなどが考えられます。ベンツやＢＭＷならまだしも、ランボルギーニ、フェラーリ、ポルシェとなると、その説明に無理が生じるというわけです。

実際、数千万円の高級車は経費になったりならなかったりします。税理士によっては「２ドアはダメ。なぜなら２人乗りだから」と判断しますが、２ドアがダメとはどこにも書かれていません。あくまでも個人の主観です。もし本当に通勤で使っているなら個人的には問題はないと思います。問題になるのは走行距離です。これらのスポーツカーは走行距離が多くなればなるほどリセールが悪くなります。そのため、乗らずに所持している経営者がいますが、その場合はもちろん費用にはなりません。ただの資産計上です。こちらも先ほどと同じで、仮に売却した場合、大きく損失をした場合は指摘されると思います。

ここまで伝えると購入しない経営者が増えますが、それでも走行距離を抑えながら経費に落としたいと考える経営者もいます。

その際は、仕事用だと明確にしなければなりません。スポーツカーである社用車にラッピング（社名・広告する商品名など）をすればいいのです。社名の入ったスポーツカーを想像してみれば、あまりセンスはよくないですが、広告のインパクトは抜群です。ある経営者はランボルギーニにラッピングをして宣伝カーに使っていました。

これはなかなか理解されづらいのですが、一部の高級車は新しい仕事につながるきっかけづくりにも活用できます。その際たる例が、フェラーリ・オーナーズ・クラブです。世界40カ国以上、約1万4000人の会員で構成され、日本でも約500人以上のオーナーがメンバーとなっています。これの何が事業と関係あるかというと、フェラーリのオーナーといえば、超がつく富裕層です。つまり、富裕層と人脈を構築できるチャンスがあるのです。

仕事上の人脈づくりといえば、一般的なのはビジネス交流会でしょうか。業務として参加すれば交際費として経費になります。フェラーリを所有することも、これと目的は同じです。ビジネスとして考えたら、交流会よりもオーナー会のほうが継続的で実りがあるかもしれません。

以上のような点をふまえれば、スポーツカーも事業に必要な経費として考えられます。ただし、ここでも経営者のバランス感覚は重要です。利益が出てないのに、スポーツカーを買っても意味がありません。購入した上で、利益がまだ十分に残っているなら話は別です。

経費＝ムダ使いです。節税目的で購入したいならよく考えましょう。

配送先が会社でないと……？

ここまで見てきたように、経費はとにかく私的流用を疑われます。そのきっかけとなるのは不相当に高額な報酬や家族との飲食・旅費などさまざまでしたが、それらに比べて経営者がよく見落としてしまうのが「配送先」です。

配送先がなぜ問題になるかというと、家電量販店で購入した事業用の洗濯機やテレビなどが自宅に送られるケースがあったからです。

ある建設業の会社（2代目で初めての税務調査）では、洗濯機の性能と配送先が原因で、税務調査で問題になりました。

その会社では、従業員の作業着が汚れるので、洗濯機が欠かせません。長く使っていたので、そろそろ買い換えどき……というタイミングで、新しい洗濯機（30万円）を買い換えました。

そしていざ税務調査が入ると、税務署は30万円の洗濯機は事業で使うには高いと判断し、購入先の家電量販店に確認すると、配送先が自宅になっていることが判明。高級品かつ、自宅に配送。これでは言い逃れができません。

私はすぐに納税者（社長の奥様）に電話して、「30万の洗濯機は会社ではなくて、自宅に配送されてますよ。なんでですか?」と質問しました。

すると奥様は「そうですよ。自宅に置いてます。社長が従業員の作業着（4人）も持ってきて家族の分と合わせて洗濯してるんで」とのことでした。家族の分（社長と奥さん）も入れているので、いくらかは否認しないとダメだと思い、その事情を税務署に伝えました。

問題はここからです。否認は仕方のないことですが、税務署側は、「仮装経理に該当するので重加算税だ」と主張するのです。洗濯機の経費計上が一部否認されるのは当たり前ですが、今回の内容で重加算税は少し厳しいです。税務署側の言い分は、家族の分もわかって入れていたというものです。

納税者側からすれば、今までは会社に置いていたけど会社に置くスペースに限りがあるので、自宅に置いて従業員の分も一緒に洗えばいいと考えたのです。たしかに考えが甘かったと思いますが、2代目社長の奥さんで初めての経理業務です。悪質性はなく単なる知識不足と当事務所の指導不足でもあると説明をしました。その後、何度か税務署と話をして、重加算税は取り下げてもらいました。

重加算税は非常に重いペナルティーです。仮装隠蔽行為（売上をごまかしたり、架空経費を計上するなど）が判明すると科されます。追徴課税はもちろんですが、何より印象が悪いです。

また、重加算税が賦課される可能性がある場合、「質問応答記録書」が作成されます。調査官が質問し、納税者が答えた内容を文書化したもので、これにサインするのですが、いわゆる顛末書のようなもので、犯罪者扱いされている気分になります。このようなことから、実務的にも精神的にもダメージを負います。

今回のケースでは、税務署側は仮装隠蔽行為とみなしましたが、重加算税の判定は非常にわかりにくく、最近の調査では何かにつけて重加算税ありきで主張します。そのせいで税務署側と衝突するケースが増えてきています。

話を配送先に戻しましょう。別の会社では、１００インチのテレビの配送先を巡って、同じことが起こりました。

規模の大きい会社になると、会議室や応接室に１００インチクラスのテレビを置くことはめずらしくありません。

先ほどの件と同様、税務署はテレビの購入履歴を調べ、家電量販店に行って配送先を確認します。すると、社長の自宅に送っていることがわかりました。調査官は当然、追求します。

「社長、自宅に送ってますよ」

「いや、ちゃいます。これは配送センターの手違いです」

このようなやりとりになったのですが、本当に配送センターの手配ミスでした。自宅用のものと一緒に購入したので、手違いが起こってしまったのでしょう。もちろんこの場合は是認してもらいました。

税務署は「事業用のものを自宅に送るわけがない」と考えるので、疑わしい項目があれば、必ず配送先を調べます。不相当に高額だと疑われるリスクは高まりますが、重要なのは金額だけでなく配送先も含まれるのです。

税理士が「経費にできない」と断言するもの

できるだけ経費に入れようと、さまざまな選択肢を検討する姿勢は大切です。私もムダな税金は払う必要がないと考えます。しかし、経営者の気持ちに十分に寄り添った上でも、「経費にするにはムリがある」というものがあります。最後にそれを少しまとめて紹介しましょう。

・スーツ
・靴
・メガネ
・ゴルフ道具、ウェア

ここに挙げたのは一例ですが、共通点があります。それは、「社長だけ」「役員だけ」となってしまいがちなこと。「スーツだからダメ」「靴だからダメ」ではないのです。

したがって、どうしてもスーツを経費として購入したいなら、会社の10周年記念、大切な取引先の特別なイベント用、就任式の出席用として購入する。または、社長や役員だけでなく、社員や新入社員にも支給すれば平等性が保てるので、まだ説明ができます。でも、社長は「自分のスーツはいいものにしたい」と考えます。一般社員に比べれば、付き合う人間が変わるので多少は許容範囲だと思いますし、会社規模にもよるので、いくらまでという金額設定は難しいのですが、高ければ高いほど「自分だけ」という要素が強くなるので、否認されるでしょう。

スーツを扱うお店で、サンプルや試着用で使うならもちろんいいでしょう。作業着も私的使用にはなりづらいですし、それほど高いものではないことが多いので、問題になることは少ないです。

私がもしスーツを経費にしたいと相談されたら、「やめておきましょう」と言います。税務調査で問題になったとき、交渉の余地がほとんどないと自信を持って言えるからです。

それでも経費に計上する人はいます。入れるのは自由ですが、そうなると私も税務署寄りになります。「あれほどムリだと言ったのに」という気持ちです。

中には、無理とわかっていても、とりあえずすべて経費に入れてみる、と考える経営者もいます。そこで何をどのように判断されるのか確認するのです。一つの考え方としては理解できます。

そもそも、スーツを経費に入れたいと考える人は、1着では済みません。1年で3～5着も経費で購入しようとします。それだけでなく、次はネクタイ、カバン、靴……「これもいけるんじゃないか？」と際限がなくなります。

メガネは、パソコン用として会社に置いておくなどすれば、仕事用だと説明できます。それでも、社長だけでいいのか、難しい判断を迫られるでしょう。

ゴルフ代は取引先と行けば交際費です。ただゴルフ道具やゴルフウェアはどうでしょうか。私はゴルフはほとんどプレイしませんが、年に数回、付き合いで出席することがあります。それ以外、プライベートでラウンドすることはありません。そのため、私のクレジットカードの明細やスケジュール帳を見ても何も出てこないし、知人に聞いても「池田先生はゴルフは行かへんで」と言うでしょう。それぐらい自信があるなら、ゴルフ道具やゴルフウェアを経費で落としてもいいと思います。

ただ私の場合は、昔はよくゴルフしていたことと、今の立場を考えて、経費では落としていません。

以上のような理由から、ここに挙げたスーツやゴルフ道具やウェアなどは経費にできないと考えたほうが無難です。「うちの税理士はいけたよ」と言う人がいたら、それはたまたま見逃されただけか、ほかにたくさん指摘事項があったからです。

「スーツの内ポケットに会社のロゴを入れれば大丈夫」なんて議論をするなら、もっと違うことに注力したほうがいいと思います。

税務調査で間違いなく問題になりますし、指摘されれば、税務署と交渉しなければなりません。そこにリソースを割くぐらいなら、ほかに目を向けましょう。

「これしか残らない」ではなく、「これだけ残るんだ」と考えよう

独立・起業した人はよく「給料日はお金をもらう日ではなく、お金を払う日だ」と口にします。

会社員なら、給料は必要な税金を天引きされた金額が振り込まれます。したがって、口座に入金されたお金を見ても、給料明細を見ても、「そういうものだ」と考えます。

しかし、経営者はそうはいきません。収入から費用を引き、税金を払います。お金はどんどん出ていくものです。仮に、会社員も税金を自分で払わなければいけなくなったら、経営者のように「こんなに税金を払うのか……」と思ってしまうでしょう。

だからこそ、経営者は少しでも出ていくお金を減らしたいと考えるのです。

会社経営は資金繰りとの戦いです。

節税を意識するのは、利益がある程度出たときです。赤字が続く苦しい時期を乗り越え、ようやく利益が出るようになり、はじめて法人税や消費税を払うことになって気づくのです。

さっと、努力が報われないとがっかりすることでしょう。

そんなとき、私が顧問先の経営者にお伝えするのは、「残った金額を見る」こと。1億円の利益が出たとして、「税金を3400万円も払うのか」ではなく、「6600万円も残る」と考えるのです。たくさんの税金を払うのはバカらしいと思ってしまいますが、納税は国民の義務です。「日本でビジネスをするなら払うしかない」という割り切りは必要です。

経営者がいくら「税金を払うのは今じゃない」と思っても、税金は待ってくれません。「ここで事業投資したいから」など、どうしても支払いを遅らせたいときは、（会社に潤沢な資金があるなら）保険や共済を活用した利益の繰延は有効な選択肢の一つです。利益が出たとき、その事業年度に払う税金を翌期以降に繰り越しすることができます。

利益の繰延は税金の支払いを先延ばしにするだけなので、節税につながるわけではありません。ただ、いざというときに解約して利益をつくれば、経営は安定することもあります。その意味で、なんとなく「お金を払いたくない」ための方法ではないので、ご注意ください。

第2章では経費を中心に、経営者が知っておきたい節税を解説しました。ここに紹介したものがすべてではありませんが、続く第3章において重要な内容となっています。覚えるというよりも、顧問税理士に相談するときの入口として「こんなこと書いてあったな」といつでも確認しに戻れるようにしておきましょう。

第3章

資産防衛の要・税理士を味方にする

頼れる税理士を味方につけよう

法人は事業年度が終了すると、その翌日から2カ月以内に申告書（法人税、法人事業税等、法人住民税、消費税）を税務署に報告する義務があります。決算書の作成から納税するまでの手続きを法人決算と言いますが、ここで重要な役割を果たすのが税理士です。

法人決算は必ずしも税理士が行なうわけではなく、経営者や経理担当者が行なうことも可能です。しかし、専門的な知識が求められますし、計算ミスや計上ミスの原因にもなりますので、あまり現実的ではありません。

財務省が発表した「令和5事務年度 国税庁実績評価書」では、法人税に関する税理士の関与割合は89・８％となっています。実に９割です。納税にあたって税理士は重要な役割を担っているのです。個人的には、税理士を入れずに申告している会社が１割もいることに驚きます。

税金対策、特に税務調査において、税理士は非常に重要です。「税理士選びが10割」と言えるほど、資産防衛の成否を握っているキーパーソンなのです。

「弁護士は人生の相談。医者は命の相談。税理士はお金の相談」と私は思っていますが、経営者にとって、税理士とは自社の大切な数字を見せ、腹を割って話す重要な相談相手です。それゆえ、一度契約を結べば長い付き合いになることが多くなります。

それほど重要な税理士選びですが、現実を見ると不幸な解約が多いのも事実です。

その原因はどちらか一方にあるのではなく、ケース・バイ・ケースです。経営者が脱税まがいの節税策を強硬しようとして税理士側から顧問契約を解消することもあれば、税理士があまり節税に協力的でない、税務調査で頼りにならなかったなどを理由に、経営者側から解約を希望することもあります。

第3章では、このような不一致をもたらすさまざまな要因を洗い出し、大事なパートナーである税理士とより良い協力関係を築くコツを解説します。

税理士には3つのタイプがある

税理士は国家資格の士業です。厳しい税理士試験をクリアし、税理士事務所などで2年以上の経験を積みます（試験合格前でも可）。実は、税理士はこのような試験組だけでなく、試験免除組もいます。税務署などで23年以上勤務することにより、税理士試験が全科目免除されます。このような経緯を持つ税理士を国税OBと呼びます。

そして大学院へ2年間通えば税法科目2科目免除、また2年間大学院へ通えば、会計科目1科目を免除できます。

税理士業界では、やはり試験組の先生が一番税法に対して勉強をしています。実際、あの大変な試験を5科目合格したというのはすごいことです。業界外の人のほとんどは、税理士試験の科目免除があることを知らないと思います。私は今まで一度も聞かれたことがありません。

OB税理士は別として、科目免除税理士は（何となくですが）自ら言いません。免除＝ネガティブに思っているからでしょう。私も科目免除の税理士です。

そんな税理士ですが、働き方によって大きく3つに区分されています。

・**開業税理士**
・**社員税理士**
・**所属税理士**

開業税理士は自分で事務所を構え、所長として業務を行ないます。立場は個人事業主です。

社員税理士は、開業税理士が法人化した税理士事務所（税理士法人）で役員として働く税理士。税理士法人にはこの税理士が2名以上必要で、一般企業の社長にあたるのは代表社員となります。

所属税理士は、税理士事務所や税理士法人に雇用されている税理士です。役員扱いの社員税理士とは異なり、経営には関わりません。税理士としての業務を行ないます。

一般的には、資格を取得したら所属税理士として経験を積み、開業を目指す。その先に代表社員として規模を拡大させていく、という流れが多いようです。実際のところ、税理士の多くは独立を目指します。その独立という目標があるので、あの過酷な税理士試験生活を乗り越えられるのだと思います。

お客さんは基本的に会社ではなく個人につくので、自分が担当したお客さんを抱えたまま独立できます。優秀な税理士の独立は事務所の代表にとって頭の痛い問題ですが、独立以上の魅力を提示できるかどうかも代表の腕の見せ所だと思います。

さて、事務所の規模から考えた場合、個人事務所と税理士法人にはどんな違いがあるのでしょうか。開業税理士が経営する個人事務所は規模が小さく、顧問先は30〜40社程度、中小・零細企業が多いです。そのため、代表が担当することがほとんどで、レスポンスが早いのも特徴です。ただし、ワンパワーなので、相続、贈与、事業承継、合併などの複雑な税法はカバーしづらいのが難点です。最近は大手税理士法人とパートナーシップを組んでいるところもあります。

その意味では、安心感があるのは税理士法人です。少なくとも税理士が2名以上いますし、知識も能力も十分です。一方、代表ではなく社員が担当につくことがほとんどで、事務所の人数が30人を超えてくると出入りが多くなり、その担当者も入れ替わることがあります。

当事務所は税理士法人です。父が経営していた時代はずっと個人事務所（開業税理士）でしたが、私が継いでからは税理士法人化し、今に至ります。現在は代表社員4人、来年から所属税理士3人増えますので、税理士7人という構成です。

税理士だけができる3つの業務

税理士には、税理士法に定められた3つの業務があります。

- **税務代理**
- **税務書類の作成**
- **税務相談**

税務代理とは、納税者の代理として法人税や所得税の申告を行なうことと、税務調査の立ち合いを行なうこと。納税者に対して税務署の調査が入ったとき、納税者に代わって説明や主張をしてくれます。税務書類の作成とは、納税者の代理として税務書類を作成すること。税務相談は税金に関する悩みや困りごとの相談に応じることです。これらは税理士にしかできない仕事です。

このうち、経営者が税理士に大きな期待を寄せる仕事といえば、税務代理と税務相談です。

もっとも、経営者の中には税理士に何も期待していない、という人がいるかもしれません。もし「税理士＝申告書の作成を代行してくれる人」程度に考えているなら、それは大きな勘違いですし、「節税アドバイスなんてもらえない」「税金は言われたとおりに払うもの」と思っているなら、今日からその認識を変えましょう。

このように考えてしまうのは、起業したての一人社長や、「うちのことを最もよくわかっている人だから」と考える2代目、3代目社長、または銀行から紹介されるがままに顧問契約した社長……あたりでしょうか。そしてここに共通するのは、どの会社も利益があまり出ていないこと。

利益が出ていないと税金は普通に納めるしかありません。経費を使えるのは利益が出ているからであって、利益が出ていないとやりようがないからです。利益が出てくると、「なんでこんなに払わないといけないんだ？」と気づき、「もう少し使える経費を増やしていきたい、どうしたらいい？」と考えるようになります。何か会社のためにしたくなるのです。

現在、不満を抱えているなら、それはある意味正しい資産防衛の道を進んでいると言えます。

税理士の実力が問われる、税務調査への対応

税理士の主要業務といえば申告書の作成です。納税者の代わりに税金を計算し、税

務署に申告します。そのほか、税務代理の業務において欠かせないのが税務調査の立ち会いであり、利益を出している経営者が税理士に期待する役割の一つです。

税務調査に不安を感じているのに「あなたのところは小さいから、税務調査は入らないよ」と言われるようなら、税理士が悪いです。売上が1000万未満なら入る可能性は低いですが、ゼロではないので、いざ調査が入ったときに頼りにならず、トラブルになってしまいます。


税務調査での立ち会いでは、税理士は調査官の質問への代理回答をはじめ、交渉を担当してくれます。

具体的には、どのような交渉をするのでしょうか。

税務調査では納税者の申告内容に誤りがないか調べられます。その際、もし何か内容が否認されると、新たな税金負担が発生します。否認された分の税金や延滞税などです。当然、納税者は追徴課税は避けたいと考えます。

税務調査で否認された場合、納税者ができることは次の3つです。

・否認を受け入れて、修正申告をする
・否認内容が納得いかないときは税務署と交渉する
・それでも納得しない場合は国税不服審判所へ不服申立てをする

修正申告とは、指摘された内容をもとに申告書をあらためて作成し、税務署に提出すること。税務署の指摘内容を受け入れるということです。

しかし、税務署の見解が絶対ではありません。特に経費は、納税者と税務署で見解のズレが頻繁に発生します。本来なら計上できない支出を経費にしているとみなされるわけですが、経営者は「事業に関連した支出である」と思っていれば、納得がいかないでしょう。その場合、税務署と交渉して認めてもらう、という方法もあります。

指摘された項目に対して、経費であることを証明するのです。しかし、税務調査官は根拠を持って否認してきます。感情的に「これは経費だ！」と訴えても意味がありません。税務調査のプロである調査官と対等に渡り合えるのは税理士です。ある程度の根拠がある以上、完全に認めてもらうのは簡単ではありません。そのため、ある部分はこちらの主張を認めてもらうなど、落としどころを探りながらの交渉になります。

たとえば、税務調査で経費のうち5項目否認されてしまったとします。そのとき納税者には「2項目はあきらめてほしい、でもこの3項目は譲れないから交渉します」と、着地点を探るわけです。税務署の言いなりになるのではなく、税務調査で一緒に戦ってくれるという態度が大切なのです。

中には「言われたとおりに払いましょう」と言ってしまう税理士もいますし、保守的な考えの人は基本的にはもめたくないという気持ちが働くのでしょう。

税務調査を長引かせたいとは誰も思っていません。税務調査を長引かせると、納税者、税務署、税理士の全員が大変です（ただ、納税者側が本当に納得いかないのであれば交渉するべきです）。双方が納得する着地点を見つけることができるか？　だからこそ、税金や顧問先の業界の慣習といった知識だけでなく、税務調査の実地経験が大切なのです。

税務調査は経営者に多大なストレスを与えます。そこで経営者に寄り添った対応をすることができれば、経営者の信頼は厚くなります。

経営者は税務相談もしたいけれど……？

税務調査での立ち会いに加えて、もう一つ、経営者が期待しているのが税務相談です。具体的には、節税アドバイスを求めています。

しかし、税務相談を積極的に行なっている税理士は少ないかもしれません。その理由を3つ挙げてみます。

- 税理士の平均年齢
- 節税テクニックは教わらない

・税法が複雑

▼税理士の平均年齢

税理士の平均年齢は60歳以上と言われています。平均年齢が高い理由はOB税理士が多いことや、定年がなく長期的に続けやすい業務だからです。昭和や平成の時代はSNSはここまで普及していませんでしたから、納税者から質問されることが少なく、今になっていきなりアドバイスを求められても答えるのが難しいのかもしれません。

その上、年齢が60歳となれば、若い経営者からわからない質問をされたり、偉そうに言われれば、（私の想像ですが）怒ってしまう税理士が多いでしょう。

▼節税テクニックは教わらない

税理士になるには税理士の専門学校に通わなくてはなりません。当然のことですが、専門学校は税理士試験に合格するための勉強方法や試験対策しか教えてくれません。節税方法は仕事をする上で身につくものなので、税理士によって個人差が出るのかもしれません。

したがって、税理士から「これ、経費にできますよ」「こんな方法もありますよ」と提案することはなく、せいぜい「これにはこんなリスクがありますからやめときましょう」ぐらいのアドバイスをすることになります。

一方、納税者は専門学校で教えてもらったことに興味はないでしょう。それよりも税金が安くなる方法を知りたいのです。

▼税法が複雑

税法は一度学べばいいわけではなく、最新の法律に対応できるよう、つねに勉強しなければなりません。複雑さが増すほど、判断に迷う事例も多くなります。当時試験勉強をしていたときには大丈夫だったことも、一定条件の規定の中身が変更されたり、上限、下限額が変わったり、税法自体がダメになったりします。特に最近は法人税や相続税以外でも、消費税の改正も増えました。税理士業務をしているので税法が変われば勉強をするのは当然ですが、1人で税理士業務をしていると少し大変だなと感じます。

税理士にとって、節税とは否認されるリスクです。もし判断を間違えて調査で否認されると、税理士側の責任になり損害賠償を求められる場合もあります。

税理士や税理士法人は独占業務の法的保護が与えられています。資格を持っていないと、税理士業務を行なってはいけません。だからこそ、税務署に対して、納税者に対して、中立の立場で納税者の代わりに税務を行なう責任があります。もし脱税幇助など税理士法に違反するようなことをした場合、税理士業務の停止や禁止といった処分が下されます。

税理士は税理士バッジのために過酷な税理士試験を耐えてがんばってきたので、資格を剥奪されることは絶対に避けたいと考えます。だから、判断は慎重にならざるをえません。

ここに挙げた3つの事情から、税理士はなかなか節税のアドバイスをできないわけですが、だからといって税務相談に消極的でいい理由にはなりません。

税理士について一言言うのであれば、最近ではＳＮＳでまともなことを発信している税理士もいますので、その人たちをフォローし、税理士に質問してみるのもいいでしょう。

税理士を選ぶなら、代表税理士よりも担当者を見よう

税理士選びは最初が肝心です。税理士に一度お願いしたら、変更するのは容易ではありません。かかりつけ医を変更したり、ひと昔前の携帯電話のキャリアを変えたりするようなものです。自社の情報をいちからすべて伝えるのはひと苦労なのです。

それだけに、税理士選びはしっかりと検討するべきです。最も確実なのは知り合い

の経営者からの紹介です。

それをふまえた上で、経営者が期待する「税務調査への対応」「税務相談」、この2つに対応できる税理士が見つかればベストです。重視したいのは次の2つです。

・節税方法をすぐに答えられる
・税理士業界での経験が豊富である

▼節税方法をすぐに答えられる

税理士は税法の専門家なので、知識は豊富です。節税方法はたくさんあるように見えますが、業種や会社の規模によってできることは限られます。ですから、顧客となる会社に合わせた節税策をいくつか、パッと答えられるかどうかは一つの指針となります。

▼税理士業界での経験が豊富である

担当者が税理士免許を所持しているかどうかはそれほど問題ではありません。大切なのは税理士業界の経験年数です。経験が1~2年では少し不安です。3年を超えていると安心はできます。

もう一つは契約する事務所が同業のクライアントをどれだけ抱えているか、業界に詳しいかどうかもチェックするべきです。業界特有の慣習や癖は経験する以外でなかなか得られないからです。仮に担当者に同業の経験がなくても、事務所で経験していれば社内のメンバーに聞けばなんとでもなります。

ホームページのクオリティーはそれほど重要ではありません。価格表など最低限の内容が記載されていれば十分です。

逆に、次のような税理士はできるだけ選ばないほうが無難です。

・価格を売りにしている

・斡旋業者に登録している

▼価格を売りにしている

安いことを売りにしているのは、ほかに強みがないからです。

税理士はお金の相談相手ですが、なかなか効果は見えづらいもの。できるだけ税理士の顧問料を安く済ませたいと考える気持ちもわかりますが、価格につられて、顧問料をケチるのはあまりいい判断ではありません。

それを考えるなら、上手に顧問税理士と付き合って、取引先などを紹介してもらい、ビジネスマッチングに繋げて、税理士の顧問料を捻出するために売上を上げることに注力しましょう。中小・零細企業が弁護士に頼ることはそうそうありませんが、税理士はそうはいきません。長い付き合いになる大切なパートナー選びは予算を削るところではないと考えましょう。

できません。

▼斡旋業者に登録している

斡旋業者による紹介——いわゆる人材紹介の税理士版の利用も、あまりおすすめできません。

「税理士、紹介します」
「うちにはたくさんの税理士が登録しています」

斡旋業者はこのような謳い文句でお客さんにアプローチします。税理士は営業が難しいので、税理士側のニーズもあるのかもしれません。しかし裏を返せば、お客さんに困っていない税理士は登録しません。税理士を選ぶポイントで述べたように、業界経験は何より大切です。お客さんに困っていない＝経験が豊富と考えられますから、業界経験がないとわかっていてわざわざ選ぶ必要はありません。
私のところにも、業者から「お客さんからの引き合いが多くて税理士が足りていないので、登録してくれませんか？」という勧誘の電話や手紙、メールが毎月来ていましたが、年間の顧問料の30％や6カ月分を払うことになるので、お断りしました。このような斡旋業者に登録されている税理士では、納税者の期待に応えることは難しいかもしれません。

これは瑣末な問題ですが、会計ソフトも障害になることがあります。会計ソフトは10種類近くあり、統一されていません。そのため、顧客先の会計ソフトが使えない事務所もあります。データの移管ができないソフトもあります。税理士ではなく、自社で会計処理をしているなら、会計ソフトが意外なハードルになることもあります。

以上をふまえた上で、経営者自身が考える会社の未来によって、税理士を選んでいくことになります。小さい規模で長くお付き合いをしたいから個人事務所なのか、将来的に事業を拡大していくことまで見据えて最初から大手の税理士法人にお願いするのか、最初は個人にお願いして規模が大きくなったら税理士法人にお願いするのか……。

頻繁に変えるのはおすすめできませんが、今は昔と違って税理士を変えることはそれほどネガティブなことではありません。顧問税理士が複数いても構わないと思います。

私が一番大事だと思うのは、経営者と税理士の距離感、経理担当者と担当者との相性です。顧問契約する前に、一度は税理士と食事に行くか、ゴルフが好きならラウンドするなり、仕事以外の場所で話をしてみると、さらに人間性がわかるはずです。

国税OBは本当にすごい？

税理士には試験組と国税ＯＢ組がいると説明しました。国税ＯＢは税務署での勤務経験があるので、なんとなくすごい税理士だという印象を抱くかもしれません。税理士を選ぶ際に重視している人もいるでしょう。

実際のところ、国税ＯＢは何がすごいのでしょうか。

なんといっても、現場を知っていることが国税ＯＢの最大の強みです。税法は非常に複雑なので、判断に迷うケースがたびたびあります。そんなとき、試験組の税理士よりも実務経験が豊富な分、経験値をもとに判断できます。税務署が最終判断ですから、経験がものを言うのです。国税・税務署上がりということは、まだ現役へのツテがあるので、困ったときに判断をあおぐことだって可能でしょう。

一方、知識面では多少の不安が残ります（試験組は知識と事務処理能力が高い）。特に決算書を作成できない国税ＯＢ税理士は多く、経営者が求める節税アドバイスへの対応もあまり期待できません。経費に計上できるかどうか微妙な相談をされたとき、迷ったら「やめておきましょう」と言いがちです。

一般的なイメージでは、その微妙なラインを熟知していると思ってしまいます。ところが、税務署側はグレーを黒と言い、経営者はグレーを白と言ってほしいので、もともと税務署に長く勤めた人が簡単に切り替えるのは難しいです。

税務署と税理士の力関係は、やはり税務署が強いです。それを見越して、国税ＯＢを雇う税理士事務所もあります。

しかし税理士には、税法の知識、現場での交渉力、納税者とのコミュニケーション能力など、幅広い能力が求められます。税法の知識がなければ決算書は作れず、交渉力が弱ければ税務調査でまともな交渉ができません。

当事務所でも国税ＯＢが所属しています。それは単純に税務署にツテがあるからという理由ではありません。

国税ＯＢだからすごい、と考えるのは早合点かもしれません。

税理士との上手な付き合い方

税理士との付き合いが10年を越えてくると、税務への向き合い方が慣れてくるので、大きい買い物をするときなど要所を確認する程度になってきます。すると良い意味で、税理士の必要性が減るようになります。

税理士をこれから選ぶときは先に紹介したポイントを重視していただくとして、すでに顧問税理士がいて（その場合がほとんどだと思いますが）、「10年を超えた長い付き合いにしたい」と思ったら、経営者には何ができるでしょうか。

あきらめて電話だけで対応するという割り切りが必要な場合もありますが、経営者から歩み寄るのがおそらく現実的です。

今すぐできることを挙げると、契約して数年経っていて、ある程度今の税理士に満足しているなら顧問料を上げる、今期の業績は良かったから今期だけは決算料を多めに払う、契約してから数年食事に行っていないのであれば、お昼でも夜でもいいので食事に誘うなどです。

逆に、（私も含めて）税理士がやりにくいと感じる相手の特徴を知ることも役に立ちます。もし次に挙げるものに心当たりがあれば、それを改善するだけで、コミュニケーションがスムーズになります。

- **数字にこまかすぎる**
- **脱税まがいの無茶な節税をしようとする**
- **担当者に横柄な態度を取る**
- **書類の提出が遅い**

数字にこまかい人は、おおよその数字が固まったにも関わらず「先生、これも経費に入れて」とか「もうちょっと待ってくれ、最後にもう一度考えたい」など、ぎりぎりまで粘ろうとします。申告書の提出には期限があるので、直前になればなるほど、このようなやりとりは避けたいものです。

脱税相談は言語道断ですが、「これ、経費に入れておいてよ。頼むね」と無茶な節税をしようとする人も敬遠されます。税理士がリスクや否認される根拠をしっかり説明しきれていないこともありますが、税理士に過度な要求をする人ほど、税務調査で指摘されると「あのとき、先生が大丈夫だと言ったじゃないか」と言う人が多いからです。

そのほか、自分都合で営業時間外（夜、土曜日、日曜日、祝日）に電話をする。折り返しの電話が遅い。書類の提出が遅い……などは、業務が滞るので嫌がられる傾向にあります。

「顧客の自分がここまで歩み寄らないといけないのか……」と思ってしまうかもしれませんが、10年、20年と続く関係を構築するために注意してみてください。

なお、経営者は顧問税理士だけでなく、自社の経理担当にも気を配るべきでしょう。

経理は会社の大切なお金を管理する立場として、自信を持って仕事に取り組んでいます。ただ、実際は毎日のこまかい作業は調査されないことがほとんどで、「領収書をがんばって整理していた意味はあるのだろうか？」「この程度なら横領できるじゃん」と自分の仕事に疑問を感じる人だって出てきます。その結果、おもわぬ不正が起こる可能性もゼロではありません。

「〇〇さんのおかげで、税務調査も無事に終わったよ。ありがとう」「税理士の先生が〇〇さんのおかげで毎月すごく助かってるって言ってるよ」など気持ちを伝えることでも結構です。経営においてバックオフィスは重要なピースだと心得ておきましょう。

税理士から節税アドバイスを引き出すために

税理士は辞書のようなものです。辞書が進んで何かを教えてくれることはありません。自分で調べたいものがはっきりしている場合に役立つツールです。

ここに、税理士からアドバイスを引き出すヒントがあります。税理士にもテーマを決めて、具体的な質問をすればいいのです。

第2章でさまざまな節税策を見てきましたが、すべては税理士に質問できるようになるため、とさえ言えます。

「何か節税できることはありますか？」「どうすれば、税金は下がりますか？」と聞くのではなく、「今期はドーンと利益が出たから100万円の現代アートを数点買おうと思っているんですけど、どう思いますか？」と聞いてみる。

情報の出所がSNSでも結構です。発信者に実務経験がなく、情報が薄い場合もあります。それをふまえても、税理士に質問するきっかけとしては十分に役に立ちます。

漠然とした質問では、税理士は答えてくれません。税務調査で指摘される可能性はどのくらいか、指摘されたらどうなるか、脱税幇助にならないか……税理士が進んでアドバイスをしたことで、ネガティブな結果を招いてしまうようなリスクはできるだけ避けたいと考えます。

でも具体的な質問であれば、その可否を聞き出すことはできます。その際、イエスかノーかだけでなく、その理由も聞き出せるようにしましょう。そのためにも、電話しやすい、質問しやすいなど、気軽に話せる関係を構築する必要があるわけです。

辞書を引いても解説や用例が載っていなかったり具体的でなかったりする場合もあります。手持ちの辞書に不満を持ったときは、取り替えることだって選択肢になるでしょう。

税理士も同様です。自分で調べた税法や節税知識をもとに、自社の事情を交えながら相談してみても、顧問税理士が節税の話に踏み込んでくれなかった。その場合、顧問税理士の変更が次の選択肢になります。

税理士を変更しようと思ったら

税理士を変更しようと思ったら、どんな税理士を探すか？だけではなく、変更のタイミングも重要です。

税理士が不在となる期間はできるだけないほうが望ましいです。税理士がいない期間ができるというのは、自分たちでその業務を行なわなければいけないということを意味します。

現在契約している税理士に不満があったり、不安を感じたら、後任が決まっていない状態で解約してしまうのではなく、まずは別の税理士に相談してみるのも一つの手です。

実際当事務所でも、「先代から世話になってるから変更しづらいねん。せやけど不安があって……」という形で、セカンドオピニオンを求められることもあります。

変更するときは決算直前ではなく、期首か税務調査が終わったあとだとスムーズに移行できます。期首は法人税の申告書が終わってすぐのタイミングなので、新しい税理士も会社の状況を把握するには十分な時間があります。税務調査直後は、そもそも不満や頼りにならないから違う税理士にお願いしたので、そのまま変える経営者が多いです。

中には、（税理士費用が倍になりますが）期首から2人体制でお願いする慎重な経営者もいます。現在契約している税理士と、新しくお願いする予定の税理士、同時に2人に1年間、見てもらうのです。引き継ぎ期間のようなものです。

少し極端な意見に聞こえるかもしれませんが、もし会社を複数経営しているなら、1社につき1人、税理士をつけてもいいと思います。今は顧問税理士1人の時代ではありません。顧問税理士からはいい顔はされないと思いますが、税理士選びに失敗すると現状よりも悪化しかねません。慎重すぎるくらいがちょうどいいのです。

税理士が顧問を解約されるとき

税理士の立場で言うと、顧問契約の解約は大変なショックを受けます。会社の売上にダメージを負うことは当然として、何より精神的につらいのです。

私は過去に数回、顧問契約の解約（未遂含む）を経験したことがあります。

一つは2店舗経営のカフェで、法人化したタイミングで解約されてしまいました。経営者が税理士を変更しようと決断するタイミングはいくつかありますが、その一つが法人化や上場などのタイミングです。

その経営者はつねに事業を大きくしようと努力していました。一方、当時の私は若くて生意気で、まだまだ勉強、経験不足でした。そのため、拡大させるアドバイスなど何もできなかったのです。すると、最初は肩を組んで進んでいても、経営者と税理士との間に成長速度に差が出て、それが温度差につながります。

まさにこのようなことがきっかけとなり、上場、事業買収・合併、海外展開などをする事業拡大のタイミングで、税理士を変更するケースが増えるのです。それは税理士にとって、「実力不足」という烙印を押されるようなものです。

その経営者とは4~5年の付き合いでした。今は大阪を代表する複数店舗のカフェオーナーになっているので、当時の判断は間違っていなかったと思います。


もう一つは、私が初めて担当した顧問先の歯医者です。年末調整の際に従業員の名前を間違えてしまったのですが、お叱りの電話を受けた際、「名前ぐらいでうるさいな……」と思っていたら、その態度が相手に伝わり、顧問の解約となってしまいました。

顧問契約の解約になりかけた件では、減価償却への理解不足が原因でした。第2章で紹介したとおり、中古車を買うと耐用年数が減ります。しかし、法改正直後でそれをまだ知らなかった私は、お客さんから「1年で償却できるの?」と相談されたとき、自信満々に「できませんよ」と答えてしまいました。お客さんは法改正されることをすでに知っていて、確認のために質問したのでした。

税理士はわからないことはわからないと伝えることはもちろん、税法が変わるタイミングだけでなく、専門誌や新聞など、つねに情報収集に努めるべきです。法律はこまかく変わります。定額給付など、その年にしか該当しないものも含めて対応するので大変なのですが、専門家としては「知らない」は失格です。当時はあやうく解約されるところでしたが、真摯に謝罪し、今でも顧問させていただいています。

今となれば、新しく契約していただいた喜びと解約されて後悔する気持ちのどちらも経験したことはよかったと思います。

決算申告だけでなく、顧問契約を結ぼう

第3章では、税理士との付き合い方を中心に話を進めてきましたが、それらはすべて税理士と顧問契約を結ぶことが前提です。

税理士への依頼は次の3パターンに大別できます。

- **自社ですべて行なう**
- **決算申告だけ依頼する**
- **顧問契約する**

自社の規模や状況によって税理士に依頼するかどうかを考えたいかもしれませんが、

どんな会社であろうと顧問契約をおすすめします。

すべての法人は年に一度、決算申告が義務付けられています。本章の冒頭で述べたとおり、自社で行なうことも不可能ではありませんが、決算に関する業務は複雑で手間もかかります。一人社長はもちろん、専任である経理担当者でもその負担は小さくありません。

税理士に依頼する場合、決算申告のみというパターンもあります。顧問契約よりコストは抑えられますし、税理士とのやりとりも最小限です。一方で、自社ですべて行なう場合、普段の相談は無料窓口やネットや書籍で調べることになります。したがって、効果的な節税ができるかどうかは経営者次第です。また、税務調査が入った場合、対応してもらえないことが多いです。自社だけで対応するのは非常に負担が大きいと言えるでしょう。

信頼関係を築き、長い付き合いをしていくなら、顧問契約をおすすめします。会社の大切な財務を見せる相手です。起業して年数が浅いほど、定期的なやりとりの恩恵は大きくなります。

ただし、顧問契約をしても決算申告は別途料金がかかることが普通なので、最もコスト高になりますし、繰り返しお伝えしたように、最大限のサポートを受けるためには経営者の努力が不可欠です。

第4章

税務署の仕事を知る

誰も教えてくれない税務署のリアル

税務署や税務職員に対して、どのような印象をお持ちでしょうか。

「強制的に税金を取る人たち」
「国家権力という権威を振りかざす」
「つねに脱税を疑ってくる」

このような漠然としたイメージの人も少なくないでしょう。

実際、税務職員と会うのは税務調査ぐらいですから、よくわからないというのは仕方ありません。

しかし、あいまいな理解のままでは、税務署を不必要に恐れるか逆に敵視するか、極端な見方になってしまいます。その結果、税務調査で対応するとき、返答に窮してしまったり、威圧的な態度を取ってしまったりするなど、円滑なコミュニケーションを邪魔してしまいます。

そこで第4章では、税務署や税務職員への理解を促す、リアルな情報をお伝えしていきます。

まずは税務署という組織から見ていきましょう。

税務署は、税金に関する業務を担当する行政機関です。国税庁や国税局の指導・監督のもと、国税の賦課徴収を担当します（地方自治体の税務課は地方税に関する業務を行なう）。管轄は財務省。財務省の下に国税庁があり、国税庁の下に全国に11ある国税局と沖縄国税事務所があります。税務署は国税局の下部組織として全国に524署あります。

このことから、国税局は「本店」、所轄の税務署は「支店」と呼ばれることもあり

組織図

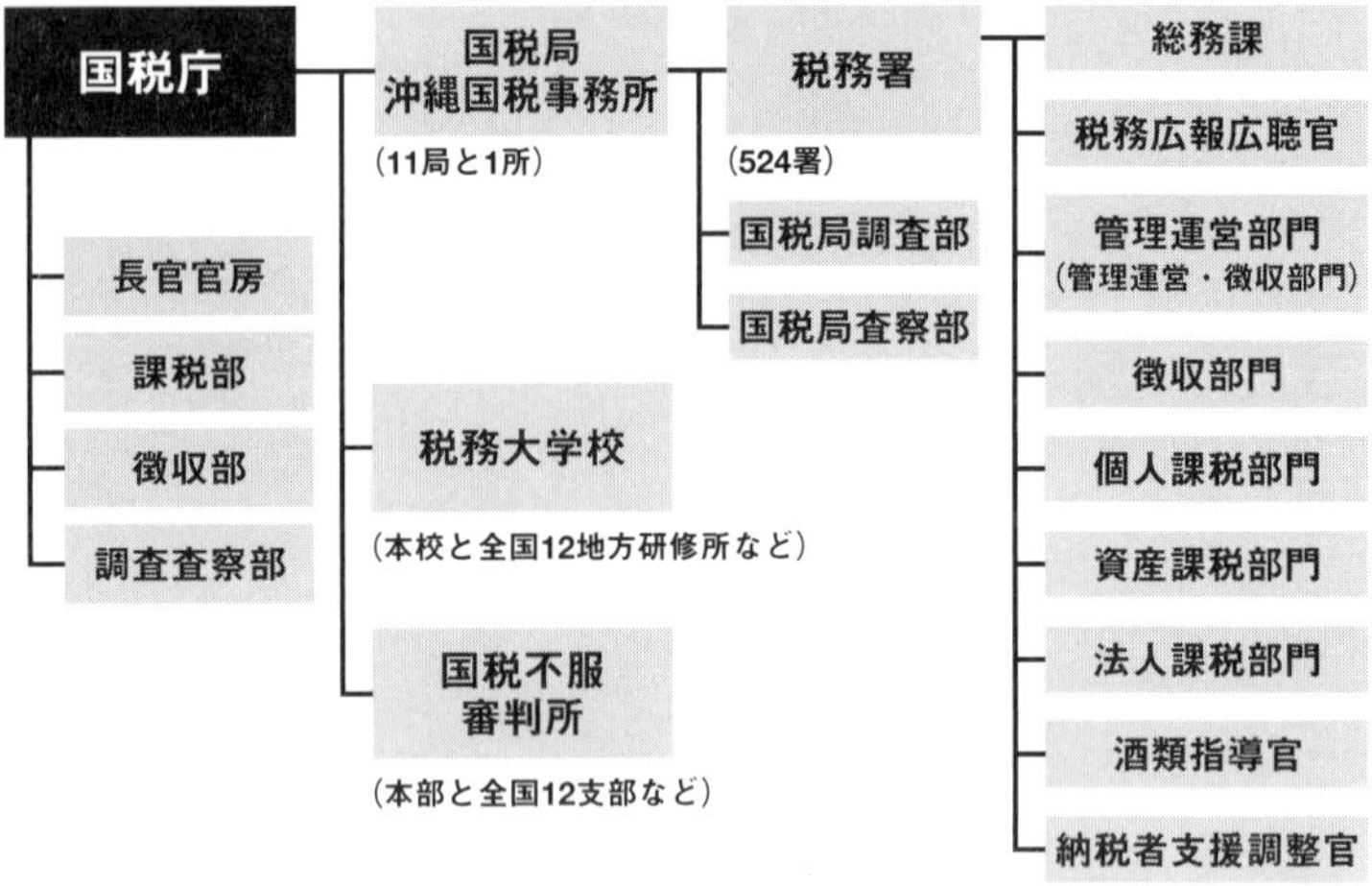

※国税庁「国税庁の機構」をもとに編集部作成

ます。

　税務署にはさまざま部門が設置されています。そのうち、法人課税部門が中小企業の税務調査を担当。各部門には第一部門から第十何部門まで存在し、調査を行なうのは第二部門以降です。そして、この第二部門以降は、統括国税調査官、上席国税調査官、国税調査官、事務官という職員で組織が構成されています。

肩書きに見る、税務調査官の特徴

税務調査を担当する各部門には、役職の異なる職員がいます。その肩書き（役職）によって、税務調査の重要性・内容が変わります。当然、そのスキルも大きく異なります。

税務調査が入る際は一部を除き事前通知があるので、その際に担当職員についてたずねたり、名刺を見て判断することができます。それぞれの役職にはどんな役割の違いがあるのかを見ていきましょう。①から⑤にいくほど、役職が高くなっていきます。

①事務官

事務官は役職のない職員のことで、一般企業でいう新入社員のような立ち位置です。

税務署の職員になるには、国家公務員の採用試験に合格する必要があります。合格後、税務大学校で3カ月間の研修を受け、採用された管内の税務署に配属されます。そして事務官としてさまざまな業務を担当し、経験を積みます。事務官の上の役職に当たる国税調査官になるには、4年または8年かかるので、その間は国税調査官に同行します。

事務官が赴任するのは7月です。というのも、税務署の事務年度は7月1日～6月30日で、毎年7月が人事異動となっているためです（そのため、人事異動後の時期から税務調査は始動します）。

第1章で紹介した脱税の事例では、事務官のミスによって3000万円も誤差が生じました。

②国税調査官

事務官の上に当たる役職が国税調査官です。ここから役職付きになります。国税調査官になるには一定の経験が必要で20代後半から30代前半の調査官が多くなります。まだ若く、出世への意欲が強い傾向にあります。

一方、60代以上の国税調査官もいます。定年退職後、再任用（一般の会社でいう再雇用）という形で就くためです。

③上席国税調査官

国税調査官の上司に当たる上席国税調査官は、経験豊富なベテランです。事実上、現場でのトップなので、経営者が一人で対応するには非常に手強い相手と言えるでしょう。

④統括国税調査官

各部門のトップであり、一般企業でいう管理職です。上席国税調査官が昇進できるとは限らないので、その意味でも非常に優秀な人がなれる役職です。現場に出ることはあまりなく、署内で指揮を取っています。

発言権を持っているのはこの統括国税調査官で、最終的な判断も行ないます。以前、私が担当した税務調査では、事務官から「調査は2日間で終わります」と聞いていたのに、統括国税調査官の一声で3日間に覆されそうになったことがありました。事務官はあくまでも調査して上司に報告する立場でしかないので、このときは事務官が勝手に2日間で終わると判断したのでしょう。こちらとしてはいい迷惑です。

⑤特別国税調査官

通称「特官」(トッカン)。小規模の税務署にはない役職で、大規模な法人の調査を担当します。税務調査で特別国税調査官が来る場合、不正に関する証拠を押さえていることがほとんどなので事前通知はありません。

以上の役職はすべて、税務署の職員です。しかし、税務調査には国税局の職員が担当する場合があります。調査部、資料調査課（リョウチョウ）、査察（マルサ）です。調査にまつわる具体的な話は第5章で解説します。

税務調査で出会った、ありえない調査官たち

ここからは実際の経験をもとに、私が出会った調査官を紹介します。基本的にはこちらを尊重してくれる、誠実な調査官が多いですが、中には「あまりにもひどい対応じゃないか」と文句を言いたくなる人（第2章で登場した、謝らない統括官など）もいます。

最も目立つのは一般常識の欠如です。

税務署は、最強の国家権力である国税庁の下部組織です。その権威性をもとに、国

民が納める税金の適正な課税や徴収を行なっています。そのため、一方的な対応をする調査官もいて、一般社会に生きる私たちの目には、それが非常識に映ってしまうケースもあります。

たとえば、ビジネスシーンでよく見かける名刺交換。これが税務調査になると、個人か法人か資産かで税務署の対応が変わります。

税務調査が入るときは名刺交換ではなく、調査員が身分証を提示します。そのように法律で定められているのです。身分証として必ず提示されるのは、「質問検査章」です。警察手帳のようなもの、と言えばイメージできるでしょうか。

法人に対する税務調査ではこれに加えて、調査官はほぼ間違いなく名刺を出します。一方、職人や大工など、個人の調査になると、調査官は名刺を出さないのが慣習なのです。

これは社会人としておかしなことです。名刺交換は法律で定められているわけではありません。しかし、名刺がなければ、初めて会った人の名前など忘れてしまいますし、実地調査後、こちら側が仮に書類を送る場合、どこに誰宛てで郵送すればいいのかもわからないし、電話連絡も面倒です。同じ税務署の管轄の中で、法人、資産の人は名刺を渡すのに、なぜ個人だけは20年以上前から名刺を渡さないのか？　この慣習は関西だけなのかはわかりませんが、とても不思議で、早く名刺を作るべきです。

また、相続税の調査（経験は少ないのですが）では、遺族（相続人）に故人（被相続人）のプライベートについて質問します。亡くなった経緯をはじめ、故人についてさまざまな説明が求められるのです。たとえば、「どんな方でしたか？」「病気ですか？　事故ですか？　いつごろから病気でしたか？」など、相続人が被相続人の病気の経緯を話すときは思わず泣かれる人もいます。ほとんどの調査官はその悲しみの気持ちを考慮してくれるのですが、無神経な調査官だと淡々と質問を続ける場合もたまにあります。

そのほか、「ギャンブルされていたようですけど、ご存じですか？」、状況によっては「女性関係はご存じですか？」なども……税務署はあらかじめ、「（課税対象になる）財産はこれぐらいあるだろう」とあたりをつけてきます。課税対象になるのは現金や株式・債券、不動産などですが、仮に被相続人に浪費癖があるなら、現金が流れてしまいわかりません。病気になってからお金を移す人もいます。そのために入念にヒアリングするのです。それが仕事であり、手を抜けと言いたいわけではありませんが、この調査官に対しては配慮がなさすぎて驚きました。

調査中、高圧的な態度に終始する

税務調査はケンカする場所ではありませんが、どうしても高圧的な態度で挑んでくる（？）調査官がいます。

ある経営者にとって初めての税務調査でのことです。

税務調査が入るとき、調査対象となる会社の顧問税理士に電話が入ります。そのと

き も私のもとに連絡が来たのですが、電話口の言葉づかいが丁寧ではなく、少し乱暴な印象を受けたので、「納税者は初めての税務調査で少し緊張されているので、言葉づかいは配慮していただけると助かります」と伝えました。

そしていざ、税務調査の当日。私が懸念していたとおり、調査員の態度が原因で険悪な現場となってしまいました。

それは開始早々から起こりました。

初日は納税者である社長に対して、1時間弱の会社概要などの説明をしてもらいます。その際、税務調査官の質問には社長が答えるため、税理士は横に座っています。ただ、質問の意味がわからないとか、うまく聞き取れなかった場合は当然、税理士が間に入って補足します。

その日もいつもどおり、会社の概要説明から質問が始まると思っていましたが、調査官は突然、社長の個人通帳にあった入金が何かを質問しました。イレギュラーな流れなのでおかしいとは思いながら、私はまだ口を挟みませんでした。

社長も想定外の質問に驚いたはずですが、その内容を説明したあと、「調査では個人の通帳も見られるんですか？」と聞かれたので、「法人の売上を個人の口座に入れていないのかの確認です」と伝えました。

すると調査官は「そんなつもりで言ってない」と少し怒り気味に首を傾げます。

社長は続けて、「調査は何時に終わります？　17時までに終わらんと次の予定に間に合わないんです」と気にされていたので、「17時までかかることはないと思います」と返答すると、ついに調査官は声を荒げて次のように言いました。

「税理士が勝手に決めるな！」

私は20年以上、税務調査の立ち会いをしていますが、調査が17時を過ぎたことはありません。もし聞きたいことがあっても、翌日も調査があるのでそこで聞けばいいだけです。

その後も調査官は「あの書類持ってきて」「これも追加で」とそのつど、資料を持ってこさせようとするので、まとめてから指示してもらうようにお願いすると、さらに腹を立てている様子……。

こんな調査官はめずらしいです。若い税理士に口を出されるのがよっぽど嫌だったのでしょう。納税者からもあの態度は酷すぎるということで後日、ＯＢ税理士に相談して税務署に伺いました。私たちＯＢではない税理士ではどこに話を持っていけばいいのかわからないわけです。しかしこの調査官に「そんな発言はしていない」と言われてしまったので、この件で今後録音機は必要だなと感じました。

調査後、事務所に怒鳴り込んでくる

喧嘩腰の口調で質問してくる調査官はいますが、その後に事務所まで怒鳴り込んできた職員はこれまで1人だけです。

きっかけは、ある地方にある介護会社に入った調査でのやりとりです。担当したのは新人の調査官でしたが、特に揉め事もなく、予定の2日間で順調に終わりました。ところがその1週間後、統括官が事務所に怒鳴り込んできました。

「うちの事務官に、『反面調査に行くなら、俺の許可がいる』。そんなこと言ったそうですね」

統括官はその一点を強調し、強い口調で抗議してきます。

反面調査とは、税務調査の対象者ではなく、取引先などの関係者に対して行なわれる調査を言います。税務調査ではほぼ必ず行なわれるほど、重要なものです。

ところが反面調査を行なうにあたって、税務署側には慎重な行動が求められます。というのも、税務調査にあまり縁がない人にとっては、反面調査が入る＝何か悪いことをした証拠であり、近所で変な噂が立つのです。特に今回は地方の介護施設で、事務官1人で反面へ行くと言うのです。そのため、反面調査に行くときは必ず、前もって私に連絡をしてほしいと伝えました。税務署が反面調査へ行くことはこちらも重々承知しています。協力はもちろんしますが、物事には順序があるのです。

そのときの私の口調が誤解を招いたのかもしれませんが「私に連絡しろ」という言葉が税理士からの圧力だと勘違いしたのか、統括官は次のように続けます。

「税理士のあなたにそんな権限はないでしょう」

反面調査をするとき、税理士に事前に連絡をする決まりはありません。だから、このように言うのも理解できます。

しかし、こちらもそんなことは当然わかっています。このときはどちらも一歩も譲らず、ケンカ別れとなりました。

反面調査に行くのを止めようとは思いません。そもそも止められません。私はそれが営業妨害にならないように言動と行動に注意してくださいよ、と言いたいだけなのです。税務署がその言動と行動の重みをわかっていないからです。反面調査の結果、取引先と取引停止にでもなれば、誰が責任を取れるというのでしょうか。調査官の非常識な対応で反面先からクレームが来れば私の責任にもなるので念押しするのです。

税務調査が世間でどのように受け取られているのか？　この統括官は客観的に捉えることができていないのでしょう。

このような意識は行動だけでなく、調査で発せられる言葉にも表れています。

3年で300万円の期ズレの修正が発覚したケースでは、「すぐには用意できない」と税務署に相談した経営者に、（個人口座を照会して保険会社に積立をしているのを確認したあと）「保険会社に子供の学資保険300万円あるんやから、解約して払えばええでしょう」と突っぱねました。その積立は来年から必要です。もう少し言葉を選ぶべきです。

納税はただの算数ではありません。人間がからむのですから、もう少し伝え方を工夫する必要があります。このような嫌な思いをした納税者は一生覚えています。税務署のイメージが悪くなるだけです。

どこの業界でも一緒なのですが、ほとんどの職員が真面目に勤務しているのに、このような調査官のせいで納税者からの信頼を失うのは残念です。私は道理に合っていない人がいるから怒るだけであって、税務署が嫌いなわけではありません。

横領を発見！
日本のために働く人たち

あるアパレル会社で、過去5年間で数百万円の横領が発覚しました。
役員が会社の資金を接待と称して飲み代にするなど、私的流用したのです。それまで経営者自身もまったく気づいておらず、税務調査で判明しました。

これは税務調査で発覚して本当によかったと思えるケースです。数百万円の横領は会社にとって大きな損失ですが、従業員の横領は社内で見つけることがなかなかできないからです。

ちなみに、従業員が横領すると、会社はどのような経理処理になるのでしょうか。

この場合のように交際費や会議費として計上していると、従業員貸付になりますので、法人の経費からは否認されます。その結果、法人税の追徴課税になり、残念ながら重加算税の対象になります。

横領といえば、あるメガバンクの貸金庫から金品を着服した事件がありました。報道でも大きく取り上げられたので、覚えている人も多いと思います。当然、契約者は大切なお金がなくなったので大問題ですが、それ以上に、国税局は貸金庫の顧客情報を入手したので、それらがどのようなお金なのか？　何か悪いお金の流れではないかをチェックしていることでしょう。実損以上に頭を抱えている契約者がいるかもしれません。

話を戻すと、税務署の仕事は、横領や脱税といった違法行為を見つけることがすべてではありません。高圧的な態度だったり、何でも重加算税を取ろうとしたり、こちらが納得できないこともありますが、それとは逆で申告是認（調査対象期間中修正項目は何もないケース）の通知をもらうこともあります。

当事務所は単年度の是認通知なら過半数以上の会社はもらいます。まだ少ないものの、毎年5〜6社は調査対象期間すべての是認通知をもらいますが、このときが一番の達成感があります。

調査後に「よくやっていただいています。しっかりした申告内容でした」と言われる場合もあります。適正・公平な課税・徴収という役目は必ずしも悪さを見つけるだけではないのです。

税務調査の最終日、調査官から、「2日間、3日間しっかり見ましたが、会社の経理担当者さんも税理士さんもしっかりされています」「引き続き良い指導・適正な納税のご協力をお願いします」と褒められれば、納税者も税理士も、これからまた仕事をがんばって税金を納めようと思う人も増えると思います。

さらに、申告是認が続き、グループ会社全体の経営状況も良好（継続的な数千万の黒字）など、いくつかの基準を満たすと、税務署長から「優良申告法人」として表敬される制度もあります。いわゆる勲章のようなものです。税務調査は「お金を持っていかれる」というネガティブな印象ほど強く残ってしまいがちですが、しっかりとした申告、経理体制をとっていれば、税務署も認めてくれます。私の時代になってからは申告是認の件数をもっと増やしていきたいと思っています。

税務職員が辞めたくなるとき

税務署の職員になるためには、厳しい試験をクリアしないといけません。そして晴れて職に就けば、税金のプロフェッショナルとして日々、税法に向き合って仕事をします。公務員として、国のためにというモチベーションを持って仕事に取り組んでいるでしょう。

とはいえ、日々の仕事は簡単ではありません。課税部門の職員なら、今でこそパワハラやノルマはなくても、「調査で何も見つけられませんでした」では、部署内がピリピリすることだってあるでしょう。

課税部門のほか、徴収部門では期限までに納付されなかった税金について、相談や指導をしたり、滞納処分をする業務を行ないます。これも大きな負荷をかけているでしょう。


ストレスのもとは仕事の内容だけではありません。税務調査は悪い意味で納税者の人生を変える可能性があります。事後報告で不幸な末路を知り、ショックを受ける職員もいます。

重加算税など、重いペナルティーを科された経営者は会社を潰してしまうこともあります。家族がバラバラになり、仕事も失う。それを「私がやったことで、会社が潰れてしまった」と調査員は重く受け止めてしまうのです。

税務調査に目を向ければ、納税者や税理士から激しい口調で叱責されることだってあります。このようなことが続けば、精神的にキツいと感じるでしょう。

このような環境で仕事を続ければ、人によっては心身に不調をきたして退職してしまいます。実際、職場を去っていった職員を何人も見てきました。

「公務員で安定しているんだから、それぐらい我慢しろ」と思われるかもしれませんが、税務職員は少し特殊な公務員です。

これはあくまでも私の父の時代の話ですが、父は近所の人に職業を明かすことはありませんでした。守秘義務もありますし、素性を明かして良いことはあまりなく、逆に「あそこは税務署の人間だから、変なことは言えないな」と思われます。それが経営者ならなおさらです。「足元をすくわれる」と思ってしまうのは自然なことです。

そのため近所付き合いも盛んではなく、休日は税務署の職員同士で集まっていました。その影響で、私も親戚や近所の知り合いより、父親の職場関係の人たちに遊んでもらっていて、今でもよき相談相手になってもらっています。

海外旅行もわざわざ届出を出すなど、何かと制限されていた記憶があります。

自分で選んだ職業とはいえ、日常生活は少し肩身が狭そうだったのを覚えています。

感情のない冷徹な人間に担当されると本当に腹が立ちますが、税務調査で相対するのも感情のある人間だということは納税者も留意しておきましょう。

税務署の未来はどうなる⁉

国税庁は、「税務行政の将来像２０２３」として、次の３つの柱に基づいてさまざまな施策を進めることとしています。

・納税者の利便性の向上
・課税・徴収の効率化・高度化等
・事業者のデジタル化促進

これらは、国税庁が「納税者の自発的な納税義務の履行を適正かつ円滑に実現する」ために、時代に応じた姿勢で取り組んでいくための指針です。税務行政のＤＸを推進することで、「普段は税になじみのない方でも、日常使い慣れたデジタルツール（スマートフォン、タブレット、パソコンなど）から簡単・便利に手続を行うことができる環境構築を目指すなど、これまで以上に〝納税者目線〟を大切に、各種施策を講じます」としています。

しかし、納税者目線を大切にするなら、優先するべきなのは現場の職員の意識を変えていくことではないでしょうか。現状では、担当者によって対応が変わってしまうと感じられることがあります。それでは、いくら「適正な納税を実現する」と掲げられても、納得感がありません。

そのためには民間の声をもっとすくい上げてもいいのではないかと思います。たとえば、税務署にもっと民間の人間を入れてみる。最近は中途採用も増えているようですが、現状はほとんどがプロパーです。情報漏洩の問題もありますから簡単ではありませんが、もう少し増えてもいいと思います。

最も腑に落ちないのは、デジタル化促進や課税の効率化・高度化を目的に掲げているのに真逆に進んでいること。

デジタル化促進に関しては、ほとんどの調査官が対応できていません。30代前半の調査官でさえ、デジタルを苦手としています。そうなると、若い世代にどう伝えるのか、上司がわからないのに現場で対応などできません。

最近の調査では、よく「データを持って帰ってもいいですか？」と聞かれますが、デジタルを苦手としている調査官たちにデータを預けるのは不安です。今までは預かり書があったのにデータに関してはそれがありません。データの紛失確認はどうするのか、調査が終わったあと、データはどのように処理されるのか。さらに、パソコンに慣れていない世代の調査官がどうやってデータを持ち帰って仕事ができるのか。現場を見ている私の立場で言えば、国税庁と現場の感覚がズレすぎているのです。国税庁はもっと現場の実態を把握しないといけません。

課税の効率化・高度化も掲げていますが、こちらも同様です。先にも述べましたが、

２０２４年だけの定額減税は、会社の経理担当者、個人事業主、税理士に相当な負担となりました。そして２０２３年の10月から始まったインボイス制度。この制度の趣旨は理解できますが、こちらも会社の経理、税理士側の負担が非常に大きいです。一番の負担はインボイス番号の確認です。会社の経理担当者、税理士事務所は、領収書にインボイス番号が記載しているか、そのつど確認しないといけません。今までは軽減税率の確認しかありませんでした。

新しい制度ですし、現場サイドもインボイス番号の確認はしないと税務調査のときに指摘されてはいけないのでしっかり対応しています。

２０２４年７月以降の調査では、インボイスの確認に関してインボイス番号と領収書を確認する作業は私が立ち会いしている事案（２０２４年12月までで16件）において、まだ一度も確認されていません。

時期的なことも関係しているのかもしれませんが、税務署は２~３日でインボイスの確認をすることがはたして可能なのか、疑問が残ります。来年にはもっとしっかり確認されると思いますので、まだ静観するべきかもしれません。ただ、２０２６年の税務調査になっても、何も確認されないようなら少し問題です。何のためにここまで時間をかけて真面目にインボイスに対応しているのか、税務調査は日々の会社経理の確認と思っているのでインボイスを確認しない理由を聞きにいかなければいけません。

個人のインボイス番号は税務署へ届け出て番号を授与されるのですが、法人のインボイス番号は法人番号にTをつけるだけなので、不正行為をする納税者が出てきた場合、その確認を税務調査の時間内でできるのでしょうか。最近の新しい税の仕組みの煩雑さには税務署の現場は対応できていない気がします。

今後は、若い事務官にはデジタルにも強く、現代の感覚と古き良き時代の良い慣習だけを引き継いでもらい、新しい税務調査の対応に期待します。

経営者にとっても、現代の感覚を持ち合わせた事務官が増えることはメリットが大きいです。経営者の納税意識も高まるはずです。現時点で納税者側に何かできることはありません。

　でも、税務調査で出会った調査官に関しては、（高圧的な態度を取られたら別ですが）こちらから進んで、丁寧な態度を心がけたいものです。

第5章

税務調査に備える

できれば経験したくない！査察の実態

税務調査で最も厳しいのが、国税局査察部による調査、いわゆる査察（マルサ）です。査察は税理士ならあまり経験したくないと考えます。なぜなら、顧問先企業に査察が入った場合、申告書にハンコを推した税理士も責任を問われるからです。もし脱税幇助と判断されれば、一発免停もありえます。それほどヤバいのが査察による調査なのです。

私はこれまで査察案件を3回経験したことがあります。すべて父の時代のことで、私が代表になってからではありませんが、いずれも強烈な記憶として今でも脳裏に刻まれています。

そのうちの一つ、私が担当していた不動産業の会社に査察が入ったときのことをお話ししましょう。

その日、朝9時に査察の担当者が令状を持って突然、当事務所にやってきました。それは無予告で、まったく想像もしていなかったので大変驚きました。

同時刻、社長の自宅、両親の家、恋人の家、会社、店舗と、すべての関係先に調査員が令状を持って訪問しました。先に述べたとおり、査察による調査は強制調査です。それを可能にするのは、令状があるからです。そしてこちらの状況はおかまいなしに、必要な書類など証拠品となるものをすべて押収していきます。

当事務所も同様で、調査員は来るなり「○○の帳簿書類と池田先生（当時は父親）と担当者の席はどこですか？」と質問し、私の立ち会いのもと、私の机の引き出し、鞄、ロッカー、事務所の金庫、決算書、顧問先（査察が入ってる会社）から預かっている資料など、私が預かっているすべての資料を押収していきました。その日はお昼ごろまで聞き取りされましたが、これで終わりではありません。

後日、取調室に呼び出されます。そこで脱税への関与度合いを取り調べされるのです。それも複数回です。私はまったく関与していなかったので、何も問題にはなりませんでしたし、取調時間も1時間弱でしたが、それでも正直怖かったことを覚えています。

必要な手続きなど、こちらでできる処理は行ないました。しかしダマされていたわけで、当然、顧問契約は解除となりました。終結までおそらく1年以上かかるので、その間、当事者である納税者は何度も取り調べを受けたはずです。ただ、その後どうなったか、こちらにそれを知る由はありません。

査察案件となるのは、脱税額が1億円以上の場合と言われていました。この件では、3年で2億円以上の脱税が発覚しました。そのほとんどが仲介手数料として払ったキックバックです。10億円以上の物件を扱った際、手数料として2000〜3000万円を複数人に支払ったようでした。

私はまったく関与していないと話しましたが、(業種によりますが)これほど大きな脱税額でも、私は気づくことができませんでした。だからこそ、納税者と税理士の間に「ウソはつかない」という信頼関係が重要なのです。

このような経験もあって、父からは「査察が入るような経営者とは付き合ったらあかん」と教えられました。税理士にとって査察は本当に大変なのですが、それ以上に、そういう人間性を持つ経営者とは距離を取れということだったのでしょう。納税者が悪いことをしたら正しい道に戻すのも一つの仕事ですが、それにも限度があるということです。

これが来たらヤバい!?
税務調査いろいろ

第5章では税務調査の実際の現場を明らかにしていきますが、その前に税務調査の種類について触れておきましょう。

主要な税務調査は次の4つです。

・税務署による一般調査
・税務署による特別調査
・国税局資料調査課による調査
・国税局査察部による調査

多くの納税者に関わるのが一般調査です。よく「国税局が入った！」と連絡を受けることがありますが、そのほとんどは税務署による一般調査です。「査察です！」「マルサだ！」と大袈裟に考えてしまうのは、やはり税務調査＝怖いものという印象が強いためでしょう。

第1章で紹介した脱税は一般調査で発覚しました。このようなケースはまれで、ほとんどの脱税は入念な準備調査を経て、行なわれます。

特別調査は、多額の不正所得が見込まれる納税者に対して、特別調査担当部門（トクチョウ）が行なう調査です。ただ、数年前からは大きな税務署以外は特調部門はなくなっています。一般調査と異なり、特調部門は相当な不正経理があると見込んでいるので、事前通知がほとんどありません。

特調部門は税務署が行なう調査ですが、税務署では十分な調査ができないと判断すると、国税局の中の資料調査課（リョウチョウ）が行なうことがあります。税務調査を専門としており、不正が疑われる大型案件のみ扱うのが特徴です。こちらは無予告で調査が入ります。

リョウチョウの調査が税務署の調査と異なる点は、徹底的に事実関係を調査すること。普通は2~3日で調査が終わりますが、こちらは日数制限がありません。

当事務所には年に数回、リョウチョウが入って助けを求められることがあります。一般調査とは異なり規模が大きく、調査員も経験豊富なツワモノが多いので、顧問税理士は腰が引けてしまうのでしょう。

そして、最も厳しい調査である査察。前項でお話ししたように、悪質な脱税を摘発するのが目的なので、普通はほとんど縁がないといって差し支えありません。したがって、法人税を納めている経営者にとって、リョウチョウの調査が実質的にもっとも手強い調査だと言えます。

税務調査のざっくりとした流れ

税務調査のうち、最も多くの納税者に関係する一般調査に絞って流れを解説していきます。

一般調査とはいえ、税務調査を警察の事情聴取レベルに受けとり、萎縮してしまう経営者が多いです。３回目、４回目の調査であれば慣れるはずです。しかしそれが初めての税務調査なら、どうしても怖いものと思ってしまいます。なぜなら、お金を取られるからです。１０００件以上の税務調査を経験した私でも毎回、税務調査の前日から最終日まで緊張するぐらいです。

予行練習とまではいきませんが、正しい知識を身につけておけば、いざというときに少しは役立つと思います。

税務調査のざっくりした流れは次のとおりです。

▼調査前

・調査先の選定
・事前連絡
・日程調整

▼実地調査

・雑談
・概況聴取
・帳簿調査
・反面調査
・調査結果の報告

▼実地調査後

・指摘事項の説明
・申告是認、修正申告、更生、などの手続き

全体のスケジュールは2～3カ月ほどです。まず調査の数週間前に税務署から顧問税理士に連絡があり、調査日数は2日～3日間、そのあと複数回のやりとりを行ないます。早くて3週間、長くて1カ月強程度。そして最終の調査決定するのが1カ月弱、となっています。

調査先の選定から日程調整まで

税務調査は調査先の選定から始まります。そして強制調査でないかぎり、事前に顧

問税理士に連絡があり、調査日を決めていきます。

▼どんな会社が選ばれる?

税務調査の対象となる会社の選定方法や基準は明らかにされてはいません。いくつかの会社が候補先としてピックアップされたのち、選定されます。今はＡＩで選定されていて、新聞によると追徴税額はＡＩのほうが良いようです。

選ばれる確率が低い会社の特徴から挙げると、赤字の会社、売上規模が小さい、売上や利益が出ていても5年~10年安定していて、役員報酬や人件費が横ばいな会社です。その意味で、経理がしっかりしている老舗会社や不動産オーナー、自費診療系を除く医療法人はほかの業種と比べると選ばれる確率は下がります。

逆に、売上が上がったり減ったり、所得率が上がったり下がったりしている、交際費や販管費が極端に上がっているなど、あやしまれる要素が多いか、新規開業5年以内で毎期利益が数百万円を超えていると選ばれやすいと思います。複数店舗を抱える会社なら新規出店したら売上は上がりますし、建設業ならゼネコンから依頼があれば売上もどんどん上がるので（内容にもよりますが、赤字は別として）選定されやすいでしょう。

どのような基準であれ、「この会社は何か隠しているだろう」と一度、確認をしてみないといけないと感じた場合は優先して選ばれるのは間違いありません。

そのほか、タレコミで調査候補に上がることもあります。こちらがそれを知る由はありませんが、「これはタレコミや資料せん（税務署が集めた情報）が出ているな」と確信するのは、調査初日の最初の質問です。通常の流れと異なり、いきなりピンポイントでタレコミ情報（鉄くずや架空人件費など）について質問されるのです。

▼任意調査と強制調査

税務調査はある日、突然やって来るわけではありません。事前に、顧問税理士を通して調査が入る旨を伝えられます。そこで日程が調整されます。基本的にはこちらの都合に合わせて決めることができます（土・日・祝日を除く）。

税務調査は、任意調査と強制調査の2パターンです。事前に連絡が入るのは任意調査で、一般的に税務調査とはこの任意調査を言います。

一方、無予告で調査が入るのが強制調査、査察です。

税務署による調査でも、事前通知なく行なわれることがたまにあります。事前に伝えることで書類の破棄や隠蔽が想定される場合や、現金商売の会社などです。


顧問先の経営者から「突然、税務署が来た」と連絡があったら、（それが強制調査でないなら）私は調査員に帰ってもらうようにしています。納税者には「税理士がいないから、今日はやめてほしい」と言う権利があるからです。普通は突然の来訪に驚いて、調査員を通してしまいます。私は経営者に「まずは顧問税理士の池田先生に電話をしてください」と伝えますが、相手もプロです。簡単には引き下がりません。「少しだけ」と言いながら、必要な資料をすべて持っていこうとするのです。

ただ、先に述べたとおり、事前通知なしで来るのはよほどの根拠を持っていることがほとんどです。「疑いのある会社」と思われていることは間違いないでしょう。

調査当日は雑談から

当日は税務調査官が会社や事務所、自宅、店舗を訪問し、社長、経理担当者、税理士に質問したり帳簿を確認したりします。これを実地調査と言い、調査員が現場を訪れることを臨場と言います。

税務署によってばらつきはありますが、7月の調査に来るのはほとんどが2人です（コロナ明けから）。最近では50～65歳（60～65歳は再任用）と、20歳～25歳の若い事務官のペアが多い印象です。おそらく指導をかねているのでしょう。1月以降は1人で来るケースも増えてきています。

税務調査の場所は会社がほとんどですが、従業員に聞かれていいことはありません。

「うちの会社は脱税しているんじゃないか」といった変な噂が立つかもしれないからです。経理担当者でもないかぎり、一般の従業員は税務署が来た＝脱税しているから、というイメージがあるからです。そして従業員は悪気なく「うちの会社に今、税務署来てるで。社長と税理士めっちゃ話してるわ」と周囲にしゃべることも考えられます。だからこそ、税務署の職員にはいつも慎重に進めてほしいと伝えています。

さて、調査は午前10時からスタートしますが、いよいよ調査となったら、まずは軽い雑談からスタートすることがあります。

よく雑談には気をつけろと言われますが、ある程度は理にかなったアドバイスです。というのは、調査員は雑談の中から証言を引き出そうとするからです。

概況聴取と帳簿調査

雑談が終わると、次は概況聴取に進みます。

概況聴取は初日の午前中いっぱいかけて行なわれることが通例です。その後、午後から帳簿調査に移ります。

▼概況聴取なのに通帳の話ばかり聞かれることがある!?

概況聴取とは一言で言えば、会社説明です（会社のパンフレットや組織図などがあれば渡す）。会社の事業内容、業績、役員や従業員の状況、売上先や仕入れ先の締め日や払い日、資金繰りなど……基本的には税理士ではわからないので経営者が説明します。

▼帳簿調査で調べられるもの

概況聴取が終わると、社長は席を離れ、顧問税理士と調査官だけになることがほとんどです。たまに経理担当者に資料を持ってきてもらうか、資料のコピーを取ってきてもらうかです。

帳簿調査で調べられるのは第２章で取り上げた、法人税、消費税、源泉所得税、印紙税の４つで、申告書や帳簿書類などをチェックします。主なものをざっと挙げてみましょう。

・**法人税申告書**
・**決算報告書**
・**総勘定元帳**
・**納品書**
・**領収書**
・**請求書**

・契約書
・稟議書
・賃金台帳
・源泉徴収簿
・固定資産台帳

これらを元に調査を始めるので、あらかじめ用意しておきます。税務調査の対象となるのは直近3年分ですが、もし問題があれば5年、最長で7年までさかのぼります。

帳簿調査で重要なのは、総勘定元帳です。総勘定元帳にはすべての取引がこまかく記録されています。一方、申告書や決算報告書には科目ごとに合計金額が書かれているだけです。つまり、税務署に提出した申告書では詳細がわからないので、「税務調査で中身を見せてください」というわけです。

帳簿だけを見ても問題点はわからないので、帳簿と請求書や納品書を比較して売上との整合性を確認したり、タイムカードから出勤状態の裏付けを取ったりします。こ

かしいなと思うところに付せんを貼っていきます。そのほか、帳簿と現物を確認したりします。そして調査員がおかしいなと思うところに付せんを貼っていきます。

▼期ズレ、架空人件費に修繕費……

私の経験上最初にチェックされるのは売上です。特に期ズレが多いです。決算が11月末なら、その翌期（12月）から12月～4月までの通帳をチェックしたり、請求書と照らし合わせたりします。

また、会社側が利益が出ている場合は販管費を期末あたりに使うなど、多くの経営者がお金を動かします。税務署も当然それをわかっているので確認します。

期ズレは第2章で説明したとおり、売上は今期に成立しているのにお金の入金だけが翌期に遅れて入金されるものを言います。かけ売上の計上漏れです。金額にもよりますが（法人は800万までは税率が低いため、会社の利益にもよる）売上の計上漏れは、今回の税務調査で修正を行なうか、タイミングよく今期税務調査が来ていなかったら、今期の申告時に前期の売上を加算して納税しているので結果は同じことです。ただ過少申告加算税や延滞税の追加のペナルティーはかかります。やはり売上の不正は多いのでしょう。

そして、棚卸、経費（人件費や交際費、修繕費など）と進んでいきます。この流れは私の知る限り30年前から変わっていません。

1日の終わりは質疑応答

ひととおり帳簿調査を行なったあとは、最後に付せんが貼られている箇所の疑問点をまとめて質問されて、それに対して税理士が答えます。わからなければ社長か経理担当者に聞きます。そして付せんを付けた箇所に対してのエビデンスの提出を求められます。付せん箇所はだいたい6カ所以上はあるので、その場ですぐに返答できないことが多く、調査の初日、2日目であれば、次の日の朝までに用意し、最終日であればまた後日電話と郵送で対応します。申告是認の場合を除き、その場で解決することはありません。

▼おみやげは必要か？

調査員が見つけやすい修正箇所をわざとつくっておくことを「おみやげ」と言います。

「税務調査が入ると絶対に何か持っていかれるから、おみやげをちゃんと用意せんと帰らへんでー」

このフレーズは私が父親の事務所でアルバイトをしていた16歳のときから聞いていますが、これが本当なら大変なことです。私の理解では、おみやげとは何か悪いことを隠すために誕生した言葉だと思っています。

どうしても見つかってほしくない3000万円の架空経費を隠すために、わざと見つけやすい100万円くらいの指摘箇所を3～4カ所くらい用意しておくのです。

平成中頃の時代までは有効な手段と言われていたようですが、今ではまったく意味がありません。逆におみやげなど渡せばもっと調べられるでしょう。悪いことをしていないならおみやげなどは不必要です。

必要があれば、反面調査も行なう

帳簿調査が終わると、当日の調査をもとにあらためて質問などがあり、それに回答したり資料を用意したりします。

その中で行なわれるのが金融機関などへの照会と反面調査です。照会とは社長の個人通帳に会社の売上がないかの確認です。金融機関にもよりますが、少し時間がかかる場合もあります。反面調査は実地調査後に、調査の対象となった会社の取引先、関係者に対し、取引内容や帳簿の整合性を確認するために行なわれます。

取引先や関係者は場合によってさまざまです。たとえば、第1章で紹介した脱税の案件では、社長が現場の外注先に現金を支給していましたが、このような場合は現金を受け取った外注先が調査されます。

また、交際費として計上した飲食費に付せんが付けられている場合、同席相手（取引先）に聞きとりされることはあまりないですが、そのお店に確認しに行きます。月に3回、4回など来店頻度が多い場合は1人で行っていないかの確認のため何名で来たかの確認をすることもありますし、空の領収書に自分で書いていないかのチェックのため領収書の筆跡を確認したり、架空の領収書でないかの確認のため連番などのチェックもありました。

あるケースでは、一人社長の女性経営者の自宅（会社登記が自宅だったので怪しんだのでしょう）に突然、調査員がアポなしで訪問するという自体が起こりました。

反面調査の実施日9時ごろに調査官は2人で自宅に訪問。しかし対象者の社長が不在だったので自宅の前で2時間近く待機していたのです。インターホンも3回鳴らしています。その証拠はカメラにしっかりと録画されていました。

実は社長は、2週間前くらいにひどいストーカー行為を受けていたので警察に相談していたようです。それを考慮すれば、スーツ姿の男性2人が家のインターホンを押し、車で待っている状況は恐怖です。彼女は怖くてインターホンの録画を見ることができず、税務署だとはわからなかったようです。そして11時すぎに帰ったあと、録画を確認して税務署だとわかりましたが、身に覚えがないし、ストーカー被害もあるし、税務署と装った詐欺もあるので、すぐに顧問税理士である私に連絡が来ました。

女性の家に男性2人で突然押しかけるなど、少し配慮がない行動です。私自身、納得がいかないので、現場責任である統括官に電話をしました。統括官は、「そんなことを言われても反面調査なんでね……私の部下が悪いとは思いません」という回答。ちなみに、反面に来た税務署は南大阪で、反面先の会社は京都です。車で1時間弱かかる場所で、ほぼ一日仕事です。

反面調査に事前通知は必要ないとされていますが、反面調査は相手先の確認調査です。普通は「○日の何時ごろに行かせてもらいます」と税理士と相手先に連絡を入れます。何も知らされずに突然訪問されてしまっては驚いて当然ですし、なにより予定があります。「違法ではないからいい」ではなく、社会常識に照らせばわかることです。

ほかのクライアントでは、反面調査の異常な対応のせいで取引先との関係がなくなったこともありました。納税者からクレームが来ることも予想できるのに、なぜそんなことをするのか？　それは、不意で行くと真実が出ると思っているからでしょう。税務調査の対象となった会社と、反面調査先の会社で口裏を合わせられるのを避けたいのだと思います。

税務調査の立ち会いをしていて、納得がいかない対応をとられると、私が正しいのか、税務署が正しいのか、一度世間の意見を聞きたいと強く思うことがあります。

ここまで見られる!?税務署の本気

税務調査は数日間の実地調査のあとも続きます。疑問点があれば、税務署は徹底的に調べるわけですが、その過程で「ここまでするのか？」と驚いた経験があります。

それは顧問先の不動産オーナー業の会社に対する税務調査で、高額な修繕費について正当性が調べられたときのことです。

その会社は自社で所有する不動産を貸し、家賃収入を得る事業です。修繕や点検といった物件の管理、入居者の管理などを行なうのですが、所有物件の中で300室をほこるマンションの大規模修繕を行なっていました。

その内容は外装塗装や補強工事です。大規模なマンションだったので、工事期間は3〜4カ月と長期間、工事完了日は3月20日でした。そして、修繕費も5000〜6000万円と高額です。

こちらは完了報告書も受け取っていたので、そのまま修繕費として申告書を作成しました。修繕費と資本的支出に関しても税務上の判断は難しいのですが、この調査では修繕費と認めてもらっています。

したがって、税務調査が入ったときもすんなり進むはずでした。ところが、修繕費が高額だったことと、工事完了日が決算直前（その会社の決算は3月末）だったので、税務署は「3月中に完了したのか？　支払いは済んでいたか？」と疑いを持ったわけです。

税務署は本当に間に合っていたのか、徹底的に調査しました。

まずは、工事期間中に貼られるエレベーターや掲示板に修繕工事の告知チラシの確認（工事完了日の確認）と、工事過程の写真。そして、取引先企業への反面調査です。

そこで工事完了日と支払い済みの言質が取れたので、これで認められると思ったのですが、税務署の調査はここで終わりませんでした。

一部の行政だけなのか、数年前の話なので今はわかりませんが、大規模工事をする場合、国土交通省への道路許可が必要なので、税務署はここを確認しました。そこまで調べたのです。

すると、工事の完了期間が4月20日となっており、税務署は「それ見たことか」と多額の修繕費を否認しようとします。

私も「税務署はすごいなと」感心しました。

しかし、納税者は「工事の完了、引渡日は3月20日で間違いない。その後1カ月は金額が大きいので不備がないかの予備日ではないのですか」と言います。これまた納得できるものなので税務署に伝え、取引業者に確認すると、そのとおりでした。そしてやっと、決算までに修繕工事が完了していたことが証明できたので、ちゃんと修繕費として認められたのですが、税務署は疑いが完全に晴れるまで徹底的に調べることをあらためて痛感したのでした。

税務調査は税理士の通信簿

ここまで見てきたように、調査では社長や経理担当者に質問したり、会社の帳簿や領収書の中身の確認をしたり、資料を提出してもらったりします。その結果、不審な点があれば反面調査や追加調査をして、申告の修正と追加の納税を求めます。修正内容に間違いがなければ、修正申告を提出して、後日ペナルティーの納付書が送られてきて調査終了です。

修正が何もなければ「申告是認通知書」が会社に届きます。

税務調査が終わると、税理士と経営者の関係が変わることもあります。すでに何年も顧問しているクライアントは、信頼関係がしっかりしているので、それほど困ることはありません。

しかし、顧問して初めての税務調査となると、税理士側も理解が進んでいないことがあります。その最たるものが、経営者の人間性です。それが最初の調査である程度わかります。税務調査も終わり大きな問題もなければ、税理士も「この会社（経営者）は信頼できる」と信頼を寄せることができます。しかし逆に悪いことをしていれば（修正内容と社長の人間性にもよりますが）、今後はしっかり指導して是正しないといけません。正しい道に戻すことも税理士の仕事だと思います。

私は過去に数回、こちらから契約解除を申し出たことがあります。
知人の知り合いの会社に税務調査が入っているので、仲裁してほしいと依頼を受けたときのこと。指摘内容は架空外注費のキックバックでした。社長はすごく反省していると感じたので、なんとか早く終わるように税務署と交渉を重ねました。その結果、税務署も納税者側もお互いが納得して修正申告（もちろん重加算税対象です）を済ませ、最後に調査官に「今回はご迷惑をおかけしました。ただ、これからはしっかり指導していきます」と伝え、調査終了しました。

しかし、3年後（重加対象は3年後に入るケースが多い）に税務調査が入り、また同じ架空外注費のキックバックで、同じように指摘されました。
「社長、また同じことしたんか……あれだけ言ったのに（私が担当していたので何度かキックバックをしていないかの確認はしていました）」と肩の力が抜けたことを覚えています。

前回の調査時、「私が指導するので、信用してほしい」と伝えたのはなんだったのか。

税務調査は何回立ち会っても慣れるものではありません。会社の規模の大小を問わず、非常に大変な仕事です。それにもかかわらず、この裏切りはすごく悲しい気持ちになりました。信用できない相手とは顧問契約はできません。

税務調査はケンカする場所ではない

税務調査は、納税者に大きなストレスを与えます。調査員の態度や姿勢が威圧的なこともあるでしょう。口調も淡々としていて、受け手によってはとても冷淡に感じられることもあります。しかし、調査員はあくまでも正しい申告をしているかのチェックをするために来ています。たとえ腹が立ったとしても、調査員はケンカしに来ているわけではないことは留意しておきたいものです。

そもそも税務署は税法のプロフェッショナルなので、節税テクニック、脱税スキームは非常に詳しいです。経営者よりも経験が段違いなので、「言い負かしてやろう」と喧嘩腰で臨んでも勝ち目はありません。

かといって税務署の言いなりになるのでもなく、必要があれば正しい主張をする。それが税務調査に対する望ましいスタンスです。「初日の聞き取り調査のときは何を聞かれるの？」「どう対応したらいいの？」と聞かれれば、聞かれたことに対して答えるだけで、わからないことがあれば「わかりません。あとで確認します」と答えればいいのです。

調査官に聞かれたことに対して答えるだけですが、初めての経験でおどおどする経営者もいれば、生き生きとしゃべりたい人もいます。そのせいで、いらぬ誤解を与えることもあります。

たとえば、「仕事もプライベートも関係ないんだよ」と言ってみたり、食事の領収書を見た調査官から「誰と行ったんですか？」と聞かれて「（仕事上の付き合いがある）友人です」と言ってしまったり。たしかに友人なのは事実でしょう。しかし、仕事上の付き合いがあるなら、取引先と言うべきです。「友人」とだけ言ってしまえば、私的流用とされるのは当然です。

ただ、税務署もすぐに「私的流用だ！」と騒いだりはしません。「趣味は話すな！」といったアドバイスを目にしますが、過剰に反応する必要はありません。趣味がなければ特にないと言えばいいし、趣味の話をしたいならすればいいのです（ただし、雑談が長くなる場合があるので私は好みません）。

一番大切なのは、税理士と事前に意思疎通をしておくことと、対象期間の資料の準備です。経営者は税務調査に最初から最後まで参加するわけではありません。聞き取り調査以降は、顧問税理士と調査官のやりとりになります。したがって、納税者の代弁者である税理士に任せることになります。

そして納得がいかないことに関してはどんどん反論すればいいと思いますが、税理士はあくまでも納税者の代弁者です。その判断は納税者の指示があってこそ、なのです。

税務調査は、経営者、税務署、税理士、全員緊張感を持つのは当たり前です。あまり考えずに、このような経験はオリンピックと一緒で4年か5年に一度しか経験できません。経営者の中でも経験できる経営者は少ししかいないのでポジティブにとらえ臨んでいただきたいと思います。

おわりに

日本の税制度は世界に比べると、富裕層に対して厳しいと言われます。法人税をはじめ、経営者は決して少なくない税金を払っています。その上、海外に生活拠点を移す（非居住者）と「脱税している」、タワマンに住み、高級車に乗ると「何か悪いことをしている」など、派手な振る舞いをすれば陰口を叩かれます。逆恨みの対象で税務署に通報される人もいます。たしかに一部の富裕層は新聞やネットの記事とおり脱税している人もいます。

経営が軌道に乗り会社が大きくなれば、当然ステージが変わるので、付き合う人間も変わります。そうなると「あの人はお金を持ったら付き合い悪くなったな！」と言われることもあります。会社が大きくなると調子に乗ってしまう社長もいますが、何も変わらない社長だっています。これは単純にお金を稼いだから、という理由ではありません。

ビジネスには良いときもあれば悪いときもあるように、必ず波があります。良いときは人が寄ってきて、悪くなると人はさっと離れるのです。そのような人間の本性に触れることが多くなり、その結果、初対面の人には、あまり事業の話などをしなくなり、付き合う人間を選ぶようになります。それが人によっては「稼ぐようになって人が変わった」「偉そうになった」と言われるわけです。

私は父が創業した会社を引き継いだ2代目です。2代目はこれらに「親＝先代」という要素も加わります。私の同級生には2代目、3代目の社長が多いのですが、誰もが「がんばって会社を大きくしても『親の力だ』と言われ、逆に小さくすれば『能力がない』と言われる」と口をそろえます。そして何かと親と比較をされます。創立当初のお金の苦労、人の苦労はしていないですが、何をやっても正当に評価されないという重荷を背負っているのも事実です。

私は父がつくった事務所をより大きくするため、これまで身を粉にして働いてきましたが、あることないことを言われた経験もありました。

令和５年度の法人税の申告税額は17兆３９２４億円。法人税を払っているのは利益を出した会社だけです。それは、経営者が利益を上げられる力を持っているという証拠でもあります。これを見れば、法人税を払う会社は国にとっても欠かせない存在だと思います。一定以上の高額納税者に対しては、小さなことでいいので税金を払ってよかったと思えるような小さなサプライズがあってもいいはずです。

日本でビジネスをする以上、日本のルールにのっとって税金を納めなければいけません。起業して苦しみ、やっと出た利益の多くを税金として取られれば、少しやる気を削がれてしまう経営者もいます。

このような状況に私も身を置いているからこそ、自分の仕事をまっとうすることでサポートし、世の中のがんばる経営者の皆さんにもっと大きな会社に成長してほしいと思っています。

税理士の理想は会社の参謀役でいること

税理士の仕事は税務代理、税務書類の作成、税務相談だと説明しましたが、現状は、ただの申告代行に留まっている税理士が多いと思います。

税理士は会社の参謀役としての役割を担っていると言っても過言ではありません。参謀役に求められるのは、経営者に寄り添い、ときにはアドバイスし、ときにはしっかりと指導すること。特に、私は「納税者への教育」が非常に重要だと感じています。

それにもかかわらず、現状ではそれがなかなかできていないように思います。

税理士は安定した職業だというイメージがあります。一度お客さんがつくと長い付き合いになるので、それほど営業に苦労しないと思われているためでしょう。

実は税理士の顧客獲得は営業の中でも一番難しいです。極端な話ですが、無料で税務顧問をお願いしても契約してくれる会社は少ないでしょう。会社には顧問税理士がいるからです。そのため、新規顧客を獲得することに慣れておらず、既存のお客さんから顧問契約を解除されたくないという気持ちが強くなります。その果てに経営者の言いなりになってしまう税理士も少なくありません。それでは教育などできるはずがありません。

経営者の中には、ほとんど黒と言えるグレーな節税策を無理やり講じる人もいます。本来であれば、税理士はしっかりと指導して正しい道に戻すべきです。その上で、指導しても改善されない、人によって態度を変える、電話連絡が取れないなど、社会人としての常識が通用しない顧客であれば、こちらから契約解除をお願いするべきです。

一定の売上規模があればそれも可能ですが、売上が少ないとなかなか踏ん切りがつかないこともあります。それが得意先であればなおさらです。

それでも、税理士資格がある、なしは関係なく、今税理士事務所で勤務している人は、教育できる税理士（担当者）になっていただきたいと思います。

税理士は楽しくてやりがいのある職業

税理士を希望する人の多くは、安定感を理由に挙げます。20社、30社と同じ仕事を続けて、忙しい時期はあっても就業時間はきっちりしています。さらに大手税理士法人であれば、仕事がなくなる心配もほとんどないでしょう。長くいればいるほど、楽になっていくのも事実です。

ただ、税理士の仕事はそのような安定感だけでは測れない、もっと楽しくて、やりがいのあるものです。お客様から新しいお客様を紹介してもらうのは、お客様からの信頼の証です。そのお客様が数年後に立派な会社になれば何とも言えない喜びがあります。

顧問1年目はたしかに大変です。顧問先が開業したてであれば、税理士も初年度の決算でどれくらい利益が出るか読めません。「こんな数字になりましたよ」とお伝えして、お互いが初めてなのでモメることだってあります。それが2年目、3年目……

と期を重ねていくと、数字が徐々に安定し、コミュニケーションもスムーズになります。初めて税務調査が入り、申告是認ならば、信頼関係はより強固なものになります。税理士は会社のお金の相談相手です。経営者は銀行にも、家族にも言えないことを税理士には唯一、相談します。これほど社長から頼られる仕事はないのではないでしょうか。また、税理士は基本的に幅広い業種の会社を顧問するので、さまざまな話を聞くこともできます。これはほかの職業ではなかなか経験できないことでしょう。

税理士をもっと増やすために

税理士としての仕事をまっとうできる人を増やしたい。税理士を目指す人をもっと増やしたい——私はつねづねそう思っていますが、実現にはいくつかのハードルがあります。

最も大きな課題は、業界的に給料がそれほど高くないことです。これだけ難しい仕事をしている対価としては少し低いように思います。税理士法人の代表が給与体系を変えていくことはもちろんですが、給料を払うためには適正な顧問料をいただかなくてはなりません。

そのためには、税理士の仕事にもっと価値を感じてもらうことも必要です。繰り返しになりますが、経営者が税理士に求めるのは、税務調査の立ち会いと税務相談に乗ることです。申告書の作成だけでなく、税務相談に乗り、会社ごとに異なる節税アドバイスをして、税務調査では経営者の代弁者として戦う。税理士ができることはまだまだたくさんあります。

中小企業の経営者は、勉強が好きな人よりも、勉強をしていない人のほうが多いです。もともと勉強をがんばってきた税理士にとって、経営者の気持ちを推しはかるにはそれなりの努力が必要です。

その点、私は学生の頃からずっと、勉強が好きなタイプではありませんでした（中学時代の同級生や学校の先生が、私が税理士になり、本を出版したと聞けば驚くでしょう）。だから、経営者の気持ちがわかるほうだと思います。学歴がなくても本人の努力があれば立派な税理士になれます。学歴など気にせず税理士を目指してください。

最後になりますが、私が父の会社を継いでから２０２５年11月で丸３年になります。この３年という数字は、私が事業承継をしたときに最初に意識したものです。税理士という仕事は個人に対しての信頼で依頼をするので、たとえそれが息子でも契約を継続してくれるかはわかりません。父が亡くなったのは２年半前なので、最初の１年は情けの契約だと自覚していました。だからこそ３年経てば、少し認めてもらえたのかと思ったのです。ですから、この３年間、契約を継続していただいているすべての取引先の皆様には非常に感謝しています。

次の目標は５年です。ほとんどの会社は５年で税務調査が入ります。つまり、税務調査を経て、その後も顧問契約を継続してくれた会社は、父から完全に継承できたと考えられます。そして承継してから、クライアントの数と従業員の数が２倍になっていれば、父に追いついたと自信がつくと思います。

また、本書を執筆するきっかけをいただいた、人間力コンサルタント®の網谷洋一さんにも感謝申し上げます。

本を出版をすることになり、今でも自分自身が一番驚いています。出版するまで本当に迷っていたのですが、網谷さんの力強いお言葉で、出版することを決めました。

執筆を終えるまで長い時間がかかりましたが、新しいことに挑戦する勇気と喜びを教えてもらいました。今後も新しいことに挑戦していこうと思っています。

税理士業界は非常に高齢化が進んでいます。税理士試験の受験者数も私が受験したときと比べるとすごく減っています。今後は私にできることがあれば、この業界のことを若い世代に伝えられるお手伝いをしたいと考えています。


この本の出版のおかげで、あらためて父親とお客様に感謝の気持ちを伝えたいです。いつもありがとうございます。そして今もお客様が継続して顧問契約をしてくれているのは、今一緒に働いているスタッフのおかげです。すばらしい仲間と仕事ができることに感謝しています。

税務調査に負けない
最強の資産防衛

2025年4月3日　第1刷発行

著者　池田篤司
編集人　佐藤直樹
デザイン　華本達哉（aozora.tv）
ロゴ制作　中西伶
企画協力　網谷洋一
発行人　森下幹人
発行所　株式会社 白夜書房
〒171-0033　東京都豊島区高田3-10-12
［TEL］03-5292-7751　［FAX］03-5292-7741
http://www.byakuya-shobo.co.jp
製版　株式会社公栄社
印刷・製本　TOPPANクロレ 株式会社